MÉNAGE TES MÉNINGES

DU MÊME AUTEUR

A compter de 2003, les San-Antonio seront numérotés par ordre chronologique d'écriture de Frédéric Dard, qui est aussi l'ordre originel des parutions. Cette décision entraîne un changement de numérotation des S-A nº 1 à 107. Par contre, la numérotation des S-A nº 108 à 175 reste inchangée. (Voir à la fin de ce volume le tableau de correspondance entre l'ancienne numérotation et celle indiquée ci-dessous.)

1 *Réglez-lui son compte !*
2 *Laissez tomber la fille*
3 *Les souris ont la peau tendre*
4 *Mes hommages à la donzelle*
5 *Du plomb dans les tripes*
6 *Des dragées sans baptême*
7 *Des clientes pour la morgue*
8 *Descendez-le à la prochaine*
9 *Passez-moi la Joconde*
10 *Sérénade pour une souris défunte*
11 *Rue des Macchabées*
12 *Bas les pattes !*
13 *Deuil express*
14 *J'ai bien l'honneur de vous buter*
15 *C'est mort et ça ne sait pas !*
16 *Messieurs les hommes*
17 *Du mouron à se faire*
18 *Le fil à couper le beurre*
19 *Fais gaffe à tes os*
20 *A tue… et à toi*
21 *Ça tourne au vinaigre*
22 *Les doigts dans le nez*
23 *Au suivant de ces messieurs*
24 *Des gueules d'enterrement*
25 *Les anges se font plumer*
26 *La tombola des voyous*
27 *J'ai peur des mouches*
28 *Le secret de polichinelle*
29 *Du poulet au menu*
30 *Tu vas trinquer, San-Antonio*
31 *En long, en large et en travers*
32 *La vérité en salade*
33 *Prenez-en de la graine*
34 *On t'enverra du monde*
35 *San-Antonio met le paquet*
36 *Entre la vie et la morgue*
37 *Tout le plaisir est pour moi*
38 *Du sirop pour les guêpes*
39 *Du brut pour les brutes*
40 *J'suis comme ça*
41 *San-Antonio renvoie la balle*
42 *Berceuse pour Bérurier*
43 *Ne mangez pas la consigne*
44 *La fin des haricots*
45 *Y a bon, San-Antonio*
46 *De « A » jusqu'à « Z »*
47 *San-Antonio chez les Mac*
48 *Fleur de nave vinaigrette*
49 *Ménage tes méninges*
50 *Le loup habillé en grand-mère*
51 *San-Antonio chez les « gones »*
52 *San-Antonio polka*
53 *En peignant la girafe*
54 *Le coup du père François*
55 *Le gala des emplumés*
56 *Votez Bérurier*
57 *Bérurier au sérail*
58 *La rate au court-bouillon*
59 *Vas-y Béru !*
60 *Tango chinetoque*
61 *Salut, mon pope !*
62 *Mange et tais-toi*
63 *Faut être logique*
64 *Y a de l'action !*
65 *Béru contre San-Antonio*
66 *L'archipel des Malotrus*
67 *Zéro pour la question*
68 *Bravo, docteur Béru*
69 *Viva Bertaga*
70 *Un éléphant, ça trompe*
71 *Faut-il vous l'envelopper ?*
72 *En avant la moujik*
73 *Ma langue au chah*
74 *Ça mange pas de pain*

75 *N'en jetez plus !*
76 *Moi, vous me connaissez ?*
77 *Emballage cadeau*
78 *Appelez-moi chérie*
79 *T'es beau, tu sais !*
80 *Ça ne s'invente pas*
81 *J'ai essayé : on peut !*
82 *Un os dans la noce*
83 *Les prédictions de Nostrabérus*
84 *Mets ton doigt où j'ai mon doigt*
85 *Si, signore*
86 *Maman, les petits bateaux*
87 *La vie privée de Walter Klozett*
88 *Dis bonjour à la dame*
89 *Certaines l'aiment chauve*
90 *Concerto pour porte-jarretelles*
91 *Sucette boulevard*
92 *Remets ton slip, gondolier*
93 *Chérie, passe-moi tes microbes !*
94 *Une banane dans l'oreille*
95 *Hue, dada !*
96 *Vol au-dessus d'un lit de cocu*
97 *Si ma tante en avait*
98 *Fais-moi des choses*
99 *Viens avec ton cierge*
100 *Mon culte sur la commode*
101 *Tire-m'en deux, c'est pour offrir*
102 *A prendre ou à lécher*
103 *Baise-ball à La Baule*
104 *Meurs pas, on a du monde*
105 *Tarte à la crème story*
106 *On liquide et on s'en va*
107 *Champagne pour tout le monde !*
108 *La pute enchantée*
109 *Bouge ton pied que je voie la mer*
110 *L'année de la moule*
111 *Du bois dont on fait les pipes*
112 *Va donc m'attendre chez Plumeau*
113 *Morpions circus*
114 *Remouille-moi la compresse*
115 *Si maman me voyait !*
116 *Des gonzesses comme s'il en pleuvait*
117 *Les deux oreilles et la queue*
118 *Pleins feux sur le tutu*
119 *Laissez pousser les asperges*
120 *Poison d'avril ou la vie sexuelle de Lili Pute*
121 *Bacchanale chez la mère Tatzi*
122 *Dégustez, gourmandes !*
123 *Plein les moustaches*
124 *Après vous s'il en reste, monsieur le Président*
125 *Chauds, les lapins !*
126 *Alice au pays des merguez*
127 *Fais pas dans le porno*
128 *La fête des paires*
129 *Le casse de l'oncle Tom*
130 *Bons baisers où tu sais*
131 *Le trouillomètre à zéro*
132 *Circulez ! y a rien à voir*
133 *Galantine de volaille pour dames frivoles*
134 *Les morues se dessalent*
135 *Ça baigne dans le béton*
136 *Baisse la pression, tu me les gonfles !*
137 *Renifle, c'est de la vraie*
138 *Le cri du morpion*
139 *Papa, achète-moi une pute*
140 *Ma cavale au Canada*
141 *Valsez, pouffiasses*
142 *Tarte aux poils sur commande*
143 *Cocottes-minute*
144 *Princesse patte-en-l'air*
145 *Au bal des rombières*
146 *Buffalo Bide*
147 *Bosphore et fais reluire*
148 *Les cochons sont lâchés*
149 *Le hareng perd ses plumes*
150 *Têtes et sacs de nœuds*
151 *Le silence des homards*
152 *Y en avait dans les pâtes*
153 *Al capote*
154 *Faites chauffer la colle*
155 *La matrone des sleepinges*
156 *Foiridon à Morbac City*
157 *Allez donc faire ça plus loin*
158 *Aux frais de la princesse*
159 *Sauce tomate sur canapé*

160 *Mesdames, vous aimez ça*
161 *Maman, la dame fait rien qu'à me faire des choses*
162 *Les huîtres me font bâiller*
163 *Turlute gratos les jours fériés*
164 *Les eunuques ne sont jamais chauves*
165 *Le pétomane ne répond plus*
166 *T'assieds pas sur le compte-gouttes*
167 *De l'antigel dans le calbute*
168 *La queue en trompette*
169 *Grimpe-la en danseuse*
170 *Ne soldez pas grand-mère, elle brosse encore*
171 *Du sable dans la vaseline*
172 *Ceci est bien une pipe*
173 *Trempe ton pain dans la soupe*
174 *Lâche-le, il tiendra tout seul*
175 *Céréales killer*

Hors série :

Histoire de France.
Le standinge.
Béru et ces dames.
Les vacances de Bérurier.
Béru-Béru.
La sexualité.
Les Con.
Les mots en épingle de Françoise Dard.
Queue-d'âne.
Les confessions de l'Ange noir.
Y a-t-il un Français dans la salle ?
Les clés du pouvoir sont dans la boîte à gants.
Les aventures galantes de Bérurier.
Faut-il tuer les petits garçons qui ont les mains sur les hanches ?
La vieille qui marchait dans la mer.
San-Antoniaiseries.
Le mari de Léon.
Les soupers du prince.
Dictionnaire San-Antonio.
Ces dames du Palais Rizzi.
La nurse anglaise.
Le dragon de Cracovie.
Napoléon Pommier.

Œuvres complètes :

Vingt-neuf tomes parus.

Morceaux choisis :

1. *Réflexions énamourées sur les femmes*
2. *Réflexions pointées sur le sexe*
3. *Réflexions poivrées sur la jactance*
4. *Réflexions appuyées sur la connerie*
5. *Réflexions sur les gens de chez nous et d'ailleurs*
6. *Réflexions passionnées sur l'amour*
7. *Réflexions branlantes sur la philosophie*
8. *Réflexions croustillantes sur nos semblables*
9. *Réflexions définitives sur l'au-delà*
10. *Réflexions jubilatoires sur l'existence*

Mes délirades

SAN-ANTONIO

MÉNAGE TES MÉNINGES

Fleuve Noir

ISBN 2-265-08295-3
ISSN 0768-1658

AVANT-PROPOS,

HORS DE PROPOS,
MAIS QUI VIENT A PROPOS

L'histoire qui est racontée ici est rigoureusement vraie. Je n'y ai pas changé une virgule.

J'ai seulement modifié les événements, déformé les faits, interverti les situations, débaptisé les personnages et déplacé l'action.

J'ai également pris des libertés avec le lecteur, le vocabulaire et l'affublation.

Oui, j'ai fait tout cela.

Mais, parole d'homme, je n'ai pas changé une virgule à l'histoire.

J'aurais peut-être dû...

SAN-ANTONIO.

Pour Monsieur A. BRANDIN,
avec ma bien cordiale sympathie.

S.-A.

CHAPITRE PREMIER

Ce matin-là, en arrivant au burlingue, Bérurier avait la figure pareille à du chewing-gum de mauvaise qualité mâché pendant six mois par un crocodile. Je lui en fis la remarque et il me dit :

— Ça vient de mes cours du soir. Je me couche à point d'heure !

— Tes cours du soir ! béai-je.

— Oui, mon pote. Figure-toi que je m'ai mis dans la hure de passer commissaire ; alors, je pioche les examens.

L'ambition est un puissant levier. Après avoir été promu au grade inespéré d'inspecteur principal, voilà que le Gros faisait une crise de mégalomanie ! Il se voyait déjà préfet de police, notre Béru. Il avait envie de caler sa brioche contre l'acajou d'un burlingue ministre et d'engueuler le monde par téléphone après l'avoir dûment passé à tabac vingt années d'affilée !

— Ça marche, les études ? ironisai-je.

Il haussa ses vaillantes épaules, frisa entre le pouce et l'index les poils de ses oreilles et ricana :

— On peut pas croire les facilités que j'ai pour apprendre. Les maths, la grammaire, l'histoire, je pige tout !

Mon scepticisme était peint sur ma figure comme

les mots «Défense d'uriner» sur les murs d'un couvent de nonnes ! Le Gros s'en avisa et me lança d'un ton féroce :

— Pose-moi des colles, si tu me crois pas.

— Bonne idée, Gros. Donne-moi la date de la révocation de l'Edit de Nantes, par exemple ?

Le front du Mastar se mit à ressembler au soufflet d'un kodak. Il se mordilla la lèvre inférieure, puis la lèvre supérieure, et enfin, explosa.

— T'as toujours des questions à la mords-moi le chose. Les dix de Nantes, c'est plus la peine qu'on en cause s'ils ont t'été révoqués !

— D'accord, concédai-je en m'efforçant de ne pas rigoler. Peux-tu me dire alors de qui Henri IV était le fils ?

Le Gros hasarda timidement :

— D'Henri III ?

— Non, Béru.

Alors son visage s'illumina.

— S'cuse-moi, y avait gourance : c'était le lardon de Napoléon III, j'ai eu un trou de mémoire.

— Parfait, Gros. Maintenant récite-moi le théorème de Pythagore ?

Il cligna de l'œil.

— Alors là, si tu espérais me coincer, tu peux te l'arrondir : je me l'ai farci pendant toute la soirée.

Il ferma ses jolis yeux et, tel un médium en transe, déclama d'une voix hallucinée :

— Tout triangle-rectangle immergé dans un liquide à angles droits, reçoit de la part de ce liquide (du vin, par exemple) un carré de l'hypoténuse égal au poids du liquide déplacé.

Il souleva ses coquilles :

— Qui c'est qui l'a dans l'œuf ? jubila le futur commissaire. T'en ferais pas z'autant, je parie ?

— Certes non.

— Entre nous, San-A. c't examen, il est dans la pocket ! Vas-y ! insista le Mahousse : pose-moi z'en d'autres !

— Je crois que c'est suffisamment édifiant comme cela, Gros.

— J'insiste ! De la grammaire, tiens !

— O.K. ! L'imparfait du verbe coudre ?

— Si t'as que ça pour m'impressionner, mon pauvre… Ouvre un peu tes portugaises : je coudais, tu coudis, il couda, nous coulassions, vous coudûtes (avec un accent japonais sur le « u », crut-il bon de préciser au passage) et ils coudèrent.

Il me propulsa son coude dans l'estomac et s'esclaffa :

— Comme Roger.

— Quel Roger ?

— Ben, Roger Couderc, eh, truffe ! Manque plus que la géo, vas-y !

— Annonce-moi le fleuve le plus long du monde et on sera quittes !

Le Gros réfléchit, hocha la tête et, avec un rien d'inquiétude murmura :

— Du monde ?

— Oui, Gros.

— Tu m'aurais dit de France, y avait pas de problème : je sais que c'est le Loiret. Mais du monde… Attends, c'est pas la Fistule, ni la Vodka, c'est pas non plus le Mec-Con, je pense pas que ça soye Lama Jaune, ça m'étonnerait qu'il s'agirait du Jambèze… En tout cas, c'est pas le Nil, vu qu'il coule en Corse et que la Corse c'est trop petit pour que ça soit le plus grand.

Il poussa soudain un immense cri qui fêla le marbre de la cheminée :

— Où que j'avais le ciboulot ! C'est le Strauss !

— Le quoi ?

— Attends, je veux dire le Zanuck ! Ce qui m'a fait gourer c'est le *Beau Zanuck bleu* de Strauss. Hein, que c'est le Zanuck, le plus long fleuve du monde ?

— Dix sur dix gros, Gros. Tu peux te présenter à l'examen la tête haute et le regard fixé sur la ligne bleue des Vosges.

Là-dessus, le Vieux fit dans le bureau une entrée inopinée. Il lui arrive rarement de s'aventurer dans les locaux de ses subordonnés. Il préfère que le monde aille à lui.

Il était loqué façon milord : lardeus noir à col de velours, pébroque roulé, chapeau de feutre, gants beurre-frais et des guêtres, siouplaît. De baths guêtres gris perlouze qui conféraient à sa mise un je ne sais quoi de suranné.

— San-Antonio, vous êtes libre ? m'attaqua-t-il.

— Mais oui, monsieur le directeur.

Il hésita, regarda le Gros avec un rien d'appréhension, puis, se décidant, il repoussa la porte et s'assit en face de moi dans le fauteuil des prévenus.

***

Il ôte ses gants posément, en « dépiautant » chaque doigt avec application, ça ressemble à de petits dépeçages. Lorsqu'il a les paluches à l'air, il les ouvre et les ferme à plusieurs reprises, puis il déboutonne son bath pardingue et chasse, d'une pichenette, une poussière incongrue sur sa guêtre.

— Mon cher San-Antonio, attaque le Tondu, j'envisage vous envoyer à Cuho, où le dictateur Infidel Castré nous donne bien du souci…

Ayant dit, il sort une lime à ongles de sa poche,

s'en file un petit coup sur l'extrémité du médius et la remet en place.

J'attends la suite avec une patience teintée de déférence, comme il sied lorsqu'on est poulet et qu'on a devant soi le *big boss* de la volière. Seul, Béru, qui ne répugne pas à se mêler à la conversation sans y être convié, murmure :

— C't'un bath patelin, Cuho.

Comme s'il allait toutes les années y passer ses vacances.

Le Vioque lui décoche son œillade 22 *bis* à injection directe et enchaîne :

— Mais auparavant, je vais vous faire un bref résumé de la situation. Primo, quelques considérations géographiques.

Je ne peux m'empêcher de virguler un regard gourmand au Gros. Il me répond par un signe qui se voudrait d'intelligence, mais « à l'impossible nul n'est tenu », comme disait si justement cette infirmière qui avait le culte de la personne alitée.

— Vous n'ignorez pas que l'île de Cuho se trouve dans la mer des Antilles, non loin de la Guadeloupe et de la Martinique ?

— Je vois très bien, affirme Béru, c'est au niveau de la pointe du Rond-du-Raz, entre le Gratémoila et la Dauphine.

Stupeur du Vioque qui se met à se polir la coupole comme la femme de ménage de l'observatoire polit celle du pic du Midi lorsqu'une éclipse de lune est annoncée. Le Gros fronce les sourcils, vaguement conscient d'avoir proféré une chose inexacte.

— Je m'a gouré, rectifie-t-il. J'ai dit entre le Gratémoila et la Dauphine, je voulais dire entre le Gratémoila et la Floride.

— Si vous le permettez, Bérurier, je pourrais peut-être poursuivre ? grince le Dabe.

Sa Majesté devient violacé.

— Mande pardeur, m'sieur le directon, balbutie-t-il. J'suis t'en pleine révision en ce moment, vu que l'examen approche…

— Quel examen ?

— Çui pour passer commissaire.

Le Dabuche me regarde et un sourire en coup de serpe lui fend la tirelire.

— Oh ! je vois, pouffe-t-il.

Vexé, le Gravos arrange son nœud de cravate.

— Maintenant, patron, fait-il, si vous me trouvez inepte, dites-le ; c'est pas la peine que je me paie des nuits blanches à potasser la grammule et le calcaire, la géo et l'histoire, pour des clous. Si je vous causais qu'à minuit je me farcissais, avec Berthe, mon épouse, une chiasserie de problème sur deux trains que l'un partait de Dijon à huit heures et que l'autre quittait la gare de Lyon à dix et qu'il fallait qu'on trouve à quelle heure qu'ils allaient se croiser ! C'était tellement coton que ç'aurait pas t'été si tard je serais descendu acheter l'indicateur Chaix pour m'en sortir !

Là, le Tondu ne peut pas résister, il rit comme jamais je ne l'ai vu rire. Il se claque littéralement les cuisses. Le Mahousse finit par se dérider aussi.

— Je vous fais compliment, Bérurier, assure le boss. Il est bon d'avoir de l'ambition et de la persévérance dans notre métier.

Sa Majesté prend ça pour une promesse et s'imagine déjà commissaire. Il s'épanouit comme une bouse de vache parvenue à bout de course.

— Et maintenant, fait le Vieux, poursuivons. Voici deux mois, un de mes correspondants aux Amériques m'a prévenu que quelque chose se tramait à propos de nos possessions antillaises.

«A maintes reprises des personnages assez troubles demeurant à Pointe-à-Pitre ont fait le voyage à Cuho et ont rencontré le chef de la police secrète cuhaltière. Ces entrevues ne présagent rien de bon. Elles ont lieu dans les salons d'un grand hôtel de Le Corona, la capitale de Cuho. Notre correspondant là-bas a essayé d'en savoir davantage, mais cela lui a été impossible. Pourtant il a loué une pièce juste en face de l'hôtel. Il surveillait ces visites, qui se produisent rituellement le premier vendredi de chaque mois, mais sans parvenir à capter quoi que ce fût. Alors j'ai eu une idée...»

Il ouvre son portefeuille.

— Avez-vous entendu parler de Casimodus Tepabosco ?

— Non.

Il me tend une photographie découpée dans un programme de music-hall. L'image est tirée en bleu pâle. Elle montre un homme maigre, au front très dégarni et au regard d'aigle. Il a le nez un peu crochu, presque pas de sourcils et sa lèvre supérieure est affligée d'une cicatrice de bec-de-lièvre. Là-dessus, le type est en habit et il a des décorations.

— Tepabosco est d'origine roumaine, déclare le vioque. Il possède quelques petits talents de société qui lui ont permis de faire carrière dans le music-hall. Il est en effet doté de facultés mnémoniques extraordinaires et, de plus, il peut lire sur les lèvres. Je l'ai connu pendant la dernière guerre. Nous appartenions au même réseau de résistance et il a fait du très bon travail.

Il se tait. Béru qui s'est approché coule un œil sur la photographie du gars et s'exclame :

— Je le connais ! Je l'ai vu le mois dernier à Bobino !

— En effet, approuve *the boss*, il était programmé dans cet établissement et c'est ce qui m'a donné l'idée de faire appel à lui. Je l'ai contacté pour lui faire une proposition.

C'est ici que le valeureux San-A. se manifeste, histoire de prouver à son supérieur qu'il n'a pas encore du céleri rémoulade à la place de la matière grise :

— Je crois comprendre pourquoi, patron.

— Vraiment ?

— Vous l'avez expédié à Cuho. Il peut lire sur les lèvres, dites-vous. Or, votre agent là-bas a loué une chambre en face du salon où se réunissent les suspects dont vous parlez. Vous vous êtes dit qu'avec des jumelles…

Le Béru en bave des ronds de chapeau.

— Ce Tonio, c'est pas la moitié d'un quart de Brie, fait-il valoir.

— Vous avez en effet deviné, dit le *boss*.

— Alors ?

— Tepabosco a accepté ma proposition. Il est parti.

— Quand ?

— La semaine dernière.

— Et alors ?

— Alors la réunion a eu lieu il y a quatre jours, puisqu'il y a quatre jours c'était le premier vendredi du mois. Tepabosco a suivi avec des lunettes d'approche l'entretien ; seulement, en quittant sa chambre, il a eu un accident.

— On l'a descendu ?

— Pas du tout. Il s'agit d'un banal accident de la circulation. Il m'en a avisé lui-même, par câble, depuis l'hôpital où on l'a conduit. Il a été blessé à la tête. A la suite de ce traumatisme il aurait perdu la mémoire. C'est du moins ce qu'il prétend !

— Tiens, tiens !

— Naturellement j'ai eu la même réaction que vous : je trouve cela très suspect.

— N'est-ce pas ?

— De deux choses l'une, poursuit le Tondu : ou il a vraiment perdu la mémoire – après tout, la chose est possible – ou il ment ! S'il a perdu la mémoire, nous n'y pouvons rien. Mais s'il ment, je veux savoir pourquoi il ment et ce qu'il a appris.

— Et c'est pourquoi vous m'expédiez à Cuho ?

— Exactement.

Un silence lourd comme les réflexions d'un garde champêtre s'établit. Bérurier est, naturlich, le premier à le rompre :

— Pourquoi qu'il vous berlurerait ce tordu, chef ? Vous dites qu'il a été franco pendant la guerre ?

— Plus que franco, renchérit le Dabuche, il a été extraordinaire de courage et d'audace. Seulement, en vingt ans, un homme change.

« Et puis il se peut aussi qu'on l'ait démasqué et qu'il ait été obligé d'agir de la sorte. De toute manière je ne puis demeurer dans l'expectative. »

— Quand dois-je partir, patron ?

— Ce soir même ; il y a un avion vers minuit à destination de Mexico. L'appareil fait escale à Le Corona. Vous le prendrez.

J'acquiesce. Mais, tout en opinant, je griffonne sur mon bloc :

« J'ai une idée. Chargez Béru de la mission. »

Mine de rien je pousse le bloc vers le patron. Il y jette un regard et n'a aucune réaction. C'est à se demander s'il a lu mon poulet, ce chef poulet.

— Ce n'est pas de gaieté de cœur que je me sépare

de vous en ce moment, murmure-t-il. J'ai une enquête très impérieuse à vous confier par ailleurs, mais…

— Vous pourriez peut-être envoyer quelqu'un d'autre à Cuho ? je suggère.

Il hausse les épaules.

— Qui ? Voyons, il me faut quelqu'un d'énergique, de rusé. Quelqu'un qui soit capable d'initiative et à qui on ne la fait pas !

— Evidemment…

Un silence. Le Gros est en train de manger des cacahuètes.

— Il y aurait bien Bérurier, fais-je.

Sa seigneurie relève la hure.

— Quoi t'est-ce ? demanda-t-il.

— A propos de la mission à Cuho. Si tu pouvais y aller à ma place…

Il retrousse sa lèvre supérieure et plisse un œil.

— Impossible ; demain, j'ai une partie de pêche avec Pinaud.

Il mesure la fragilité de l'argument et reste coi. Le Vieux le considère d'un air peu amène.

— Au fait, oui. Bérurier va y aller.

— Ben, c'est-à-dire…

— Je vous écoute.

— Non, heu, je… Rien !

— Lorsqu'on aspire à devenir commissaire, on doit donner la pleine mesure de ses capacités, mon cher.

Béru a un petit geste frileux.

— Oui, oh ! je dis pas.

— Alors, allez boucler votre valise et revenez chercher mes instructions.

C'est sans réplique. Béru évacue le bureau en me gratifiant d'un regard plus noir que ses pieds.

Lorsqu'il est absent, le Vieux se tourne vers moi.

— Quelle est cette fameuse idée ?

— Dans le cas où Tepabosco agit sous la contrainte, il est préférable de travailler dans l'ombre. Béru sera votre envoyé officiel, moi je serai votre envoyé officieux. Mais le Gros doit tout ignorer. Je partirai avec lui ce soir, sous un déguisement et avec une fausse identité. Une fois là-bas, j'aurai les coudées franches pour agir. Qu'en pensez-vous, monsieur le Directeur ?

Le Vioque reste un moment songeur. Puis il me présente sa belle main promise au moulage par-dessus le bureau.

— Bravo, San-Antonio !

CHAPITRE II

Je franchis la douane sans incident, because j'ai un passeport helvétique et que la Suisse copine avec tout le monde. Avez-vous jamais vu quelqu'un qui soit brouillé avec la Société Générale ou le Crédit Lyonnais ? Non ! Alors ?

Mais je constate que le Gravos, par contre, a quelques démêlés.

Le douanier qui l'a pris en charge ressemble à un gorille qui aurait oublié de s'épiler. Le teint basané, le sourcil abondant, la moustache en forme de queue de poireau, la denture éclatante, il vocifère en déballant avec mépris, hargne, grogne et rogne les calbars et les chaussettes trouées du Béru.

— *Y esto ?* hurle le macaque en brandissant une bouteille.

— Oh ! une simple bouteille de Juliénas, plaide Sa Seigneurerie. Je crains le mal d'avion et j'avais pris ça pour compenser les trous d'air…

Mais il n'y avait pas eu de trous d'air. Le voyage s'est effectué sans incident et sans incendie. Votre gars San A., fringué en quinquagénaire bisnessman helvète (costard noir, col glacé, moustache blonde, lunettes d'écaille, bitos à bord roulé) se trouvait placé derrière Bérurier. Cette position privilégiée m'a permis d'observer le comportement du Gros, d'entendre ses réflexions, ses considérations, ses protestations, ses suggestions et ses récriminations sans être reconnu de lui. Il se trouvait aux côtés d'une aimable Américaine volubile, laquelle possède des plantations de cornes à chaussure au Mexique. Elle parlait aussi peu français que Béru parle anglais ; néanmoins ils ont réussi à marivauder pendant le trajet. Béru lui a offert sa ration de chewing-gum et la dame son taf de bordeaux. Bref, l'harmonie la plus parfaite a régné.

J'attends dans le hall de l'aéroport de Le Corona que mon valeureux et estimable coéquipier ait achevé de convaincre le gabelou, ce qui ne tarde pas. Il fait une chaleur chaude malgré les appareils à air conditionné qui vrombissent sans condition un peu partout. Des portraits en pied, en nombril, et en barbe d'Infidel Castré essaient de décorer les murs. Les drapeaux cuhaltiers (cigare rouge et cendrier noir sur fond d'azur) flottent à des mâts, tout autour de l'aérogare. Le Mahousse se dirige vers une station de taxis. Il entreprend un chauffeur en bras de chemise, coiffé d'une casquette noire à visière noire cassée. Je me doute que Sa Majesté demande au conducteur de le conduire à un hôtel digne de cette haute personnalité de la police française. Le chauffeur opine en cuhaltien et dit : *Gi go* (ce qui à Cuho signifie : ça boume) et le taxi démarre sur les bouchons de roue. J'en frète un autre à qui j'ordonne de suivre le premier et on se met à jouer « Ramenez-les morts ou vifs », premier épisode. Les chauffeurs de par ici n'ont pas appris à conduire sur des tracteurs, croyez-moi ! Du reste, à l'intérieur de leur bahut il y a un écriteau illustré par une tête de mort souriante informant l'aimable et téméraire clientèle que le propriétaire du véhicule n'est pas assuré contre les accidents survenus aux passagers, ce qui part d'un bon sentiment. Le plus traître, c'est les virages. Je me trouve ballotté d'une portière à l'autre et quand mon météore décélère je suis à genoux sur le tapis de sol avec ma cravate coincée dans le ressort du strapontin. Je refais surface tant bien que mal, assujettissant mes besicles sur mon nez et décabossant mon bada. Nous nous trouvons dans une rue populeuse où grouille une foule débraillée.

La porte béante d'un hôtel me sollicite. C'est une construction d'inspiration hispano-cuhaltière modeste et vieillotte qui semble mendier un coup de pinceau aux passants. Je refile une pièce d'un rond de fumée (la monnaie cuhaltière est le rond de fumée) en argent, le gars me dit *gracias* et me laisse dégager ma valtouze de son bolide avant de démarrer comme le troisième étage de la fusée Atlas.

Le hall de l'hôtel *Byrrho Quinquina* est vaste, sombre, désert et maladorant. Un immense ventilateur fixé au plaftard brasse un air sirupeux, riche en mouches, avec un bruit de vieux frigo de boucherie de province. Quelques plantes initialement vertes agonisent au long des murs dans des pots de terre ébréchés. Des fresques sur les murs représentent des batailles hispano-cuhaltières, hispano-mexicaines et hispano-schwiza.

Sur le long comptoir de la réception trône un portrait d'Infidel Castré en uniforme de cigarillo et, jouxtant ce portrait en technicolor, un panneau, rédigé en écriture gothique afin de faire plus sérieux, rappelle les prouesses du grand homme : libérateur du territoire, inventeur de la peau de banane à fermeture Eclair, fondateur du cendrier à évacuation centripète, grand maître de l'ordre des Buralistes, chevalier de la Bague-de-Cigare, importateur exclusif du passage à tabac (il est Quai des Orfèvres en la matière) et enfin chevalier du Coupe-cigare. Il n'y a personne (en anglais, *nobody)* derrière la banque ; par contre, un grand vieillard coiffé d'un chapeau de paille se balance dans un fauteuil à bascule. Le siège et l'asthme du vieux produisent un bruit qui se marie aimablement avec le zonzon du ventilo. Le type que je vous cause est grand, d'une maigreur qui filerait des complexes à un cintre à habits, et complètement blanc. Sa tronche aérodynamique évoque le pithécanthrope de Java. Il a des pommettes aussi saillantes que deux clous plantés dans un mur et ses joues sont si concaves que son râtelier ne tient pas dans sa bouche. Ce mec-là doit avoir un sacré carat s'il a vraiment l'âge de ses artères ! M'est avis qu'on a construit son hôtel autour de lui il y a deux ou trois siècles.

Bérurier le Vaillant est en train de lui raconter sa vie ardente.

— Je voudrais *un cuarto*, explique-t-il, car, dans l'avion, le Mahousse a potassé son lexique espago.

— *Con baño ?* demande le fossile sans rouvrir ses châsses.

— Je vous en prie ! rouscaille Bérurier, à qui le premier mot de la question paraît péjoratif. Mais l'autre réitère :

— *Con baño ?*

— Minute, papillon ! tranche le Mastar en déballant son dictionnaire.

Il le feuillette en s'humectant l'index, puis finit par déclarer, cependant que l'autre continue de se balancer faiblement :

— Pas besoin de *baño*, j'ai pris un bain l'été dernier à Etretat où que j'étais été pêcher le crabe.

Le vioque lui répond que ça tombe bien vu que dans son établissement il n'existe qu'une salle de bains et que celle-ci est en réparation depuis 1897.

En soupirant, cet échantillon du début du quaternaire s'arrache à son fauteuil, lequel continue de se balancer tout seul. Quand il marche, on dirait un cheval à roulettes qui se baladerait sur un sol jonché de feuilles mortes. En craquant il contourne sa rade et s'empare d'un grand livre aux feuillets déchiquetés.

— *Pasaporte, señor!* demanda-t-il après avoir ôté son dentier afin de donner de la souplesse à son élocution.

Béru lui tend son carnet de tronche. Le vioque l'examine, puis il décroche une clé à un tableau et la tend à Béru.

— Deux ronds de fumée la journée ! annonce le débris.

Le gros douille et prend sa clé.

— Quel étage, pépère ? demande-t-il.

— *Primero !*

Le Gros se tourne alors vers moi. Il me sourit et, pendant un quart de dixième de seconde, je me demande s'il m'a reconnu car il paraît se concentrer.

— Vous z'étiez pas dans le coucou t't à l'heure ? demande-t-il.

— Effectivement, je fais en prenant un petit accent vaudois pas piqué des verres de montre. Et je me présente :

— Jean Népaller, de Lausanne.

— Et moi Alexandre-Benoît Bérurier, de Paris, France !

On se serre la louche.

— Drôle de taule, hein ? C't un pays arriéré, on se croirait en Corrèze !

Ayant dit, le Gros disparaît dans l'escadrin avec son balluchon. *In petto*, je me félicite d'avoir mis des verres de contact qui changent la couleur de mes yeux et d'avoir décoloré mes sourcils. Si le Gravos ne m'a pas reconnu, c'est que je suis réellement méconnaissable.

A mon tour, j'achète une piaule au marchand de sommeil et je monte. Ma carrée est à deux portes de celle du Gros. Bonne affaire !

*
**

Un quart d'heure plus tard, le Mahousse quitte l'hôtel *Byrrho Quinquina*. Il s'est mis à la mode du pays : à savoir il a tombé la vestouze. Faut le voir déambuler dans la *calle* (la rue de notre auberge), le Gros ! Ses belles bretelles mauves, toutes neuves, se détachent merveilleusement sur sa chemise blanche à peine déchirée au coude et dont le pan arrière flotte par-dessus son pantalon. Le chapeau rabattu sur l'œil, il va mon Béru, à travers la populeuse Le Corona, de son allure pachydermique. La semelle de sa chaussure gauche, décousue, fait un bruit bizarre que je perçois nettement bien que je me trouve à vingt mètres de lui. On dirait un édenté qui avale des spaghettis. Il s'approche d'un agent habillé en gardien de la paix, demande son chemin à l'aide de son lexique, puis reprend sa marche victorieuse. Nous empruntons (en les restituant après usage) une quantité de *calles* ; la Calle Otin, la Calle Omni, la Calle Hamar, la Calle Son Ion, et nous débouchons dans une *calle* basse qui est aussi une *calle* feutrée où les bruits de la ville agonisent en même temps qu'une certaine partie de sa population, car c'est dans cette rue que s'élève l'hôpital de Le Corona. Avant l'avènement d'Infidel Castré, l'établissement hospitalier s'appelait *Hospital Santa-Lucia-de-Vincente-Scotto*, mais à la suite d'une campagne anticléricale ardemment menée, il a été si j'ose dire débaptisé, et il se nomme désormais *Hospital de la Bonita-Virue-la-y-del-Ungento-Gris réunidos.*

Bérurier pénètre dans le vaste édifice. Il s'approche du guichet de la réception et demande la chambre du *señor* Casimodus Tepabosco. Il dit qu'il est un ami d'Europe et que le cousin germain du Casimodus est frère de lait avec le fils du concierge dont la mère est femme de ménage chez une tante à la belle-sœur d'un ami de régiment de son neveu. La préposée, une belle brune pileuse lui dit que Tepabosco se trouve dans la salle Maria-Rosa (ainsi baptisée en souvenir de celle qui lança à Cuho la *Muerte perfumada de los piojos*). Le Gros disparaît et je poireaute un bout de moment à l'ombre d'un beretra-parabellum à feuillage panaché. Au bout d'une demi-plombe, Son Altesse réapparaît.

Je me dis que c'est le moment d'ouvrir mes vasistas grands comme le stade de Colombes. En effet, si une surveillance est établie auprès de Tepabosco, Béru va certainement être filé comme du verre de Murano. Je laisse s'évacuer le Gros dans l'ombreuse Calle Hambourg et je mate avec application les gnaces évoluant sur ses chausses. Mais j'ai beau me faire péter l'obturateur et me chanstiquer la cellule photoélectrique, je ne lui découvre pas le moindre *angel guardian*. Mes mesures de précaution sont peut-être inutiles et je me suis transfrimé pour ballepeau. Soit !

Béru regagne l'hôtel. Il lui a été recommandé de procéder de la sorte et d'attendre que notre correspondant le contacte par téléphone. En l'occurrence, c'est mézigue le correspondant. Lorsqu'il a franchi le porche du *Byrrho Quinquina*, je me catapulte dans un bar et je demande le téléphone de mon hôtel.

Le dentier du fossile à bascule me demande ce que je veux. Je réponds que j'aimerais m'entretenir avec le *señor* Bérurier et il est fait droit à ma requête.

— Allô ! Qui t'est-ce ? gazouille la voix de mélécass du Mahousse.

— Zé souis l'homme qué vous savez ! fais-je en manière de présentation.

— J'suis t'au courant, répond le Laconique.

— Vous avez vou lé méssieur ?

— *Jawohl*, dit Béru, qui se veut polyglotte.

— Alorsss ?

— Inscrivez pas de bol et effacez l'ardoise, explique Bérurier. Le julot que vous savez a vraiment eu un accident et je m'ai payé la croisière pour des clopinettes galvanisées. C'est lui-même, cette patate, qui s'a foutu sous la roue d'un vélo. D'un vélo ! Vous vous rendez compte ? Si qu'on avait voulu l'assaisonner, on aurait pris du véhicule plus costaud, non ?

C'est également mon avis.

— Il est tombé, continue le Béru, et sa bouille a cassé la bordure du trottoir. Seulement, ça l'a bréché un chouïa itou ! Et il se rappelle plus grand-chose. Il est salement emmouscaillé, le frangin, biscotte la mémoire, c'est son gagne-pain.

— Il n'a aucun souvénir dé cetté conversation à laquellé il a assisté à la joumelle ?

— Il dit qu'il se rappelle de la séance dont à propos de laquelle vous faites z'allusion, mais qu'à cause de son toromachique à la tête, il se souvient plus de quoi il a été causé.

Fâcheux ! Nous ne sommes guère plus avancés qu'à Pantruche. Le moyen de détecter si un homme ayant effacé un gnon à la coupole ment ou ne ment pas lorsqu'il prétend que sa mémoire s'est fait péter le disjoncteur !

— Comment sé porté-t-il ?

— Il a des points de sulfure à la tête et encore un

peu de fièvre due à sa température, mais il pense quitter l'hosto d'ici un jour z'ou deux.

— Vous dévez lé révoir ?

— J'y ai dit que je retournerai y faire une visite et qu'en tout étal de clause on aurait un entretien quand c'est qu'il sortirait.

— Qué pensez-vous faire en attendant, *señor* ?

— Acheter un couteau et me racler les os des jambes, rétorque le Gravos impatienté. C'est tout ce qu'y a pour vot' service, baron ?

Pas content d'être venu se faire tartir à Cuho, le chérubin. Il doit regretter sa baleine, ses bistrots, ses potes et le ciel gris de Paname.

— Je vous rappellerai incessamment et peut-être avant, préviens-je. *Ciao !*

On raccroche de part et d'autre et réciproquement. Maintenant je pourrais peut-être me livrer à quelques investigations. Je me réunis d'urgence pour une conférence extraordinaire et je décide à l'unanimité d'aller faire un viron dans la piaule louée en face de l'hôtel où se réunissent les conjurés et le chef de la police secrète cuhaltière. Le Vieux m'a cloqué l'adresse de cette carrée et ce m'est donc chose aisée.

Voilà votre San-A. parti. Il fait un temps fabuleux. Le ciel est presque vert, les façades blanc et ocre des immeubles étincellent. Des camions chargés de soldats débraillés et braillards passent dans un fracas de ferraille. Tout le monde paraît très content d'être au monde. Sur une place, des chanteurs en costars nationaux poussent une goualante en se chatouillant le trou du luth. Des chiens faméliques reniflent les trottoirs et des taxis bolides foncent comme des dingues à travers la populace sans bousiller personne. Il fait une chaleur à décorner Béru. Je sue abondamment et je sens que ma moustache se décolle. Je la rajuste de temps à autre d'un coup de pouce.

J'arrive en face devant le palace servant de siège aux mystérieux envoyés guadeloupéens, c'est le *Dubonn e Sinzano* le plus bel hôtel de la ville. Un chasseur galonné fait les cent pas devant la porte. Juste en face s'élève une maison plus modeste, de quatre étages. C'est ici que le correspondant du Vioque loue une chambre. Je pénètre dans l'immeuble. Sous le porche, un vieux cuhaltier roupille, allongé sur un poncho. Ici l'ombre elle-même est brûlante. S'il faisait une chaleur pareille au pôle Nord, je vous jure qu'on n'y trouverait pas un Esquimau. Je me sens mollir de minute en minute.

Je me farcis l'escalier aux marches de bois et je parviens devant la chambre portant le numéro 28. Elle n'est pas fermée à clé. J'entre donc et je me trouve dans une pièce de dimensions assez modestes, meublée d'un lit, d'un placard, de deux chaises et d'une table en rotin. Des jumelles sont accrochées à un clou. Tout me paraît O.K. Tout est conforme à ce que j'attendais. J'imagine très bien Tepabosco à l'affût devant la fenêtre. Celle-ci est pourvue d'un store californien. C'est un jeu d'enfant que d'observer le palace d'en face à travers les lames du store. Je décroche les jumelles et je les règle à ma vue. Aussitôt les chambres du *Dubonn e Sinzano* deviennent étrangement présentes. Je me mets à découvrir un tas de choses, des tas de gens… Dans une turne, un couple joue à Adam et Eve, première époque, dans une autre, un vieux bonze se lave les pieds dans le lavabo. Dans une troisième, une grosse mémère amerloque s'obstrue les ornières avec du mastic. Marrant de contempler de la sorte ses contemporains dans leur vie privée. Ça manque de grandeur. C'est triste, pauvre et mesquin.

C'est l'univers de la cellulite, du relâchement, du laisser-aller, de l'abdication et du zizi-panpan.

Je vais pour inspecter une quatrième piaule lorsque je perçois un claquement derrière moi. Je me retourne, mais, hélas ! Il est déjà trop tard. J'attrape un gnon colossal sur la malle arrière. Toute une voie lactée écrémée me choit sur la comprenette. J'ai droit à un nouveau pain, et cette fois c'est le plongeon dans l'encre de Chine. Je dis *good night* aux messieurs-dames d'en face et je m'écroule en avant sur le plancher.

Ça dure ce que ça dure. Comment coulez-vous que, flottant dans la plus totale inconscience, je puisse conserver la notion du temps ! Enfin, un petit déclic me rappelle à la réalité. De la lumière poignarde ma vue[1].

Je soupire, ce qui est mauvais signe car, comme le dit un proverbe de chez nous : « Cœur qui soupire n'a pas tout ce qu'il désire. »

Aussitôt je déguste un coup de tatane dans les côtelettes qui me coupe le souffle. Je voudrais essayer de réagir, mais j'ai les bras et les jambes entravés par les draps du lit.

Avouez que ça n'a pas traîné ! Et moi qui venais incognito à Cuho pour couvrir le Gros ! Y a de quoi se la peindre, se la mettre sous verre et se l'exposer au Musée de l'homme !

D'une détente je parviens à me mettre sur le flanc. Cette position me permet au moins de voir à qui j'ai affaire.

Je vois *(in english : I see)*.

Mon agresseur est seul. Il est assis sur la chaise que j'occupais naguère et il fume en attendant que je reprenne mes esprits.

1. Admirez la hardiesse de mon style, sa vigueur, sa contondance !

Il porte une chemise blanche déchirée aux coudes, des bretelles mauves et un feutre noir. Car l'homme dont au sujet duquel il est question, vous l'avez deviné, n'est autre que Bérurier le Vaillant.

— Alors, m'sieur Jean Népaller ! gouaille l'Enflure. Comme ça on s'intéresse z'aux mêmes choses que moi, hein ? Jean Népaller, d'en avoir deux, oui ! Est-ce que c'est vot' vrai blaze, seulement ? Je veux pas te vexer, mon pote, mais t'as un physique qui masturbe ma digestion. J'aurais vu ton effigie quéquepart que j'en serais à moitié surpris.

Nouveau coup de latte dans les côtes premières.

— T'entends, fesse de rat ? poursuit Son Altesse. J'suis sûr qu'aux sommiers de la P.J. t'as un pedigree qu'est long comme une chaîne d'arpenteur.

— Dites, Gras du Bide, coupé-je, au lieu de vous gargariser de conneries, ça vous ennuierait de m'enlever ma moustache ? Il fait tellement chaud qu'on s'entend transpirer !

Il reste bouche bey (comme on disait jadis à Tunis). Puis, d'un geste vif il arrache ma moustache. Ensuite, sur sa lancée, il ôte mes lunettes que j'ai conservées malgré ma chute.

— Cette frime, balbutie-t-il. Cette voix !

— La voix de ton Maître, eh ? patate !

— San-A. !

— Soi-même, modèle grand luxe avec tous ses accessoires !

— Mais, mais…

— Ecoute, Gros, j'adore la saucisson de Lyon, pourtant je préfère être déguisé en Roi Mage. Si tu veux bien me délier…

Il obéit, abruti par la surprise.

— Eh ben, celle-là alors ! Si je pouvais me gaffer d'un truc pareil !

Je lui explique le pourquoi du comment du chose et il secoue la tronche d'un air mécontent.

— Vois-tu, Tonio, je pige parfaitement que t'aies pris cette précaution, mais je suis vexé de pas t'avoir reconnu. T'avais vraiment un déguisement de première !

Je me relève et me masse tour à tour la nuque et les cerceaux.

— Tu n'y es pas allé avec le dos de la louche, lamenté-je. Comme matraqueur d'élite tu te poses là, mon chérubin ! Comment diantre es-tu venu ici ? Tu ne savais pas l'adresse !

— Je m'ai livré à une enquête.

— Raconte…

— J'ai demandé au mironton de not' hôtel comment c'est que s'appelle le chef de la police secrète. Dans ce bled, rien n'est vraiment secret, la preuve c'est qu'il m'a affranchi : c't un certain Paulo Chon. J'ai alors téléphoné aux plus grands z'hôtels de la ville en demandant si M. Paulo Chon se trouvait chez eux. A l'hôtel *Dubonn e Sinzano* on m'a répondu que ça n'était pas son jour. Conclusion : c'était à c't hôtel qu'avaient lieu les rancards, non ?

— Bravo.

Un fortiche, Béru, dans son genre.

— J'suis venu ici. Je savais que la chambre était en face du palace. En bas, un vieux tordu se piquait une ronflette. J'ai demandé pour savoir si on louait des piaules. Il m'a dit que toutes celles du deuxième étage étaient des garnis. Je suis monté et j'ai repéré la lourde d'ici mal fermaga. Un œil en passant ! Je t'ai aperçu, j't'ai reconnu, enfin comme étant le type qu'avait descendu avec moi à l'hôtel et… tu sais la suite !

— Je la sais et la sens encore, ô chourineur hors classe !

Il hausse les épaules.

— Mande pardon. Tu veux que je te masse ?

— Inutile, ta première séance m'a suffi.

— Alors, à c't'heure, où est-ce qu'on en est ?

Je continue de me masser l'occipital avec l'espoir d'en faire jaillir une idée !

Car la question du Gros est terrible. En effet, qu'allons-nous faire ? On s'est farci six mille bornes pour avoir la confirmation d'une chose que nous savions déjà. J'ai l'impression que nous sommes deux couillons. Et c'est très désagréable comme sensation.

— Ecoute, Bibendum, je crois que cette affaire peut se diviser en deux parties. La première c'est : que trafiquent les gars de Pointe-à-Pitre avec le chef de la police secrète de Cuho ? La seconde : Casimodus Tepabosco nous bourre-t-il le crâne en prétendant que le sien est vide ? M'est avis que nous sommes obnubilés par la seconde partie au détriment de la première. Nous avons tendance à nous dire : après tout, le Roumain est peut-être réglo, et à laisser quimper. Or, ce qui importe vraiment, c'est la première partie.

Le Gros m'a écouté sans sourciller. Lorsque je me tais il arrache un poil de son nez (c'est toujours le même qui repousse) et il déclare :

— T'as parfaitement raison, San-A. On se laisse jubiler par le coup du Roumain.

— Le hic, fais-je, c'est que la prochaine entrevue aura lieu dans presque un mois. On ne va pas attendre dans ce patelin à la gomme !

— Qu'est-ce qu'on peut faire d'autre ? objecte le pertinent impertinent. Quand je pense que j'ai mes examens à préparer. Si j'aurais su, j'aurais apporté mes livres…

— Le plus logique, c'est d'attendre la sortie de Tepabosco. Lui au moins a vu les conspirateurs.

Même s'il n'a plus souvenance de leurs paroles, il peut au moins se rappeler leurs gueules !

— C'est ce que je pensais. Mais il y a aussi autre chose…

— Quoi t'est-ce ? lui demandé-je.

— Tu oublies qu'avant le Roumain il y avait un autre zig sur le rimorcif : l'agent secret du Vieux. Celui qu'il appelle son correspondant, ici !

Je hoche la tête.

— Certes, Gros. Fais-moi confiance, j'y ai pensé. J'avais demandé au *boss* le nom et l'adresse de ce type, mais il a refusé de me la donner.

— Biscotte ?

— Parce que l'homme en question ne travaille pas seulement pour la France. Il ne tient pas à se manifester trop ouvertement. C'est un vrai agent secret, comprenez-vous, messire ?

— *Yes, signor*. Pourtant, d'après ce que nous a dit le Vieux, le Roumain l'aurait rencontré ?

— Le Vieux n'a jamais précisé !

Je file une claque à mon matraqueur préféré.

— Viens. Il faut mordre dans le lard.

— Où qu'on va ?

— A l'hôpital. Tu vas retourner au chevet de Casimodus et lui demander s'il a eu des contacts avec M. X…, le correspondant fantôme. Si oui, note tous les détails. Il faut absolument que je parle à ce type !

Le Gros émet la considération la plus pertinente de sa carrière :

— Ecoute, c'est quand même plus fort que de jouer à pile ou face dans la neige avec une pièce de cent francs chauffée à blanc ! V'là qu'à cette heure on enquête pour savoir le blaze d'un collègue travaillant pour la même maison que nous !

CHAPITRE III

Je commence à me repérer dans cette ville torride et je n'ai pas de difficulté à driver Béru jusqu'à l'hosto.

— Pourquoi que tu viens pas z'avec moi ? suggère la Brioche. Puisque t'a laissé quimper l'incoquelicot ?

— Non, tranché-je, je me réserve, Gros.

— Pour les nanas ?

— Entre autres… Va, cours, vole et nous venge !

— Pourquoi nous venger ? Il nous a rien fait, ce mec, après tout !

— C'était une citation. Je pensais qu'elle figurait dans ta nouvelle érudition.

C'est sur un haussement d'épaules empreint de la plus vive réprobation que Sa Grosseur me largue pour pénétrer dans l'hosto. Je l'attends là où je l'attendais tout à l'heure, à l'ombre du beretraparabellum panaché à floraison intermittente. A ma vive surprise (en anglais *surprise, thank you*), voilà la Gonfle qui surgit trois minutes deux dixièmes plus tard. Il semble surexcité, ce qui, avec cette chaleur, est à déconseiller.

— Que t'arrive-t-il, ô fin limier ? m'enquis-je.

Le Gros essuie les quatorze litres de sueur qui lui dégoulinent sur le portrait.

— C'est plus fort qu'une fuite d'eau à Noisy-le-Sec ! balbutie-t-il.

— Accouche, abominable neige des hommes !

— Le Roumain a quitté l'hôpital.

Je cramponne l'avant-bras du Mastar (un avant-bras gros comme une arrière-cuisse !).

— Espèce de patate ! comme dirait Parmentier, l'importateur exclusif pour l'Europe.

— Dis, San-A., c'est pas ma faute !

— Comment ça s'est passé ?

— C'est ce que ces ouistitis se demandent. Il s'est levé en disant qu'il allait aux gogues. Il a passé son grimpant et il s'est barré en pantoufles ! Tu réalises ? Il a laissé sa veste et ses targettes ici.

— On est certain qu'il a mis les adjas ?

— Certain. Ils l'ont cherché partout. Ils ont même regardé dans la lunette des ouatères pour vérifier qu'il avait pas plongé dedans.

— Quand s'est-il tiré ?

— Tout de suite après mon départ. On dirait qu'il a eu les jetons.

— Ça m'en a tout l'air.

Je suis déconcerté brusquement. Ça ne tourne pas rond dans cette affaire. Voilà un type en qui le Vieux avait entière confiance et qui a accepté de se faire expédier franco de port à Le Corona pour une mission délicate. Sa mission accomplie, il lui arrive un accident à la suite duquel l'homme prétend avoir perdu la mémoire. C'est lui-même qui fait prévenir le Vioque, ce qui dénote de sa part beaucoup de scrupules. Nous lui expédions le plus débonnaire des messagers et à la suite de cette visite pourtant cordiale, Tepabosco n'a rien de plus pressé que de se tailler de l'hosto ! Bizarre, bizarre. Vous avez dit bizarre ? C'est bizarre !

Bérurier me virgule un regard si pitoyable qu'il fendrait le cœur d'un artichaut.

— Ecoute, San-A. Si qu'on irait discuter dans un

troquet. J'ai une soif que je vois courir. Une chaleur pareille, même une plaque d'amiante y résisterait pas.

Je consens, et ce avec d'autant plus de facilité que je me déshydrate à toute allure. Nous pénétrons dans une *taberna* ombreuse et commandons des Coca-Cola-scotches. Le bistrot est ceinturé de ventilateurs. Les clients portent de baths costars à rayures, ce qui, ici, paraît être le dernier chic. Derrière un rade en bambou, un barman à la peau couleur de *café con leche* prépare des mixtures en Agfacolor. Un pick-up diffuse des *fados*. L'ambiance est plutôt agréable. On ressent une forte impression de vacances.

— T'as pas la sensation qu'on fait une croisière ? murmure Sa Rondeur.

— Exactement ce que j'étais en train de me bonnir à l'oreille, belle pomme.

Il siffle son glass et fait signe au loufiat de réitérer.

— Alors, qu'est-ce que tu penses de ce micmac ?

— J'y pense.

Le garçon dépose devant nos verres un plateau contenant des olives, des piments farcis, des beignets aux oignons, et des grains de pistache salés. Le Gravos se met à brouter le total avec voracité. Bientôt, son haleine est aussi énergique que celle d'un lance-flammes. Pendant qu'il ingère, San-Antonio cogite. Une fois de plus, nous voilà embarqués dans un pastaga de tous les diables. Ce Casimodus Tepabosco m'a l'air d'un drôle de loustic et sa petite âme ne doit pas posséder la blancheur Persil. Se barrer de la sorte, c'est des drôles de manières.

Je vide mon verre. Le Coca est déjà tiède. Ici, on te sort une glace au rhum du frigo et le temps de te la servir, c'est un grog que tu te tapes. Puis je me lève.

— Où qu'on va ? s'inquiète le Monstrueux.

— Je vais tout seul.

— Biscotte ?

— Parce que je me rends à la police, mon bon. Toi tu es français, moi je suis suisse. Par conséquent, je dois y aller seulâbre, la France n'étant pas dans les papiers du gouvernement cuhaltier.

— Comment ça, t'es suisse ?

— J'ai un passeport bidon.

— Ah ! je comprends. Et les mecs de Cuho sont potes avec la Suisse ?

— La Suisse est pote avec le monde entier, c'est pour cela qu'elle est la Suisse, sache-le !

— Et moi, quoi t'est-ce que je maquille ?

— Tu continues de t'humecter et d'ici une plombe tu rentres à l'hôtel où tu m'attends avec cette patience angélique qui t'a fait demeurer l'époux de ta femme.

Je pars. Il y a une file de taxis tout près de là. Je me risque à en fréter un et je demande à icelui de me conduire au burlingue central de la police. Le chauffeur m'octroie un regard mi-surpris, mi-réprobateur et se met dare-dare à défoncer le mur du son.

Quelques minutes plus tard, dans un hurlement désespéré de ses freins, il stoppe devant un édifice tout blanc et décoré de drapeaux, au fronton duquel le mot POLICIA s'étale en lettres d'or[1].

Des policiers en grande tenue : pantalon rouge, vareuse verte, casquette noire, tricot de corps gris, vont et viennent sur le perron. Je gravis celui-ci et je m'adresse à l'un d'eux en anglais. Par veine, il parle la langue de Shakespeare.

Il m'indique le bureau de la circulation et je m'y rends en brandissant mon passeport. Je tombe sur un officier dont les manches mesurent trente centimètres

1. C'est vraiment galvauder l'or que de l'utiliser pour écrire un tel mot !

de plus que ses bras afin de pouvoir héberger tous ses galons.

Avec un sourire qui enjôlerait un tigre famélique, je lui déclare que je suis le représentant à Cuho de la fameuse compagnie d'assurances suisse, la P.D.C.F. (Protectrice des confédérés), et je lui dis que j'enquête à propos d'un accident de la circulation dont a été victime un certain Tepabosco assuré par ma compagnie. Je demande le dossier. Je précise la date du sinistre et j'espère tout de lui. L'officier retrousse ses manches, hoche la tête, penche sa casquette sur l'oreille droite et va ouvrir un classeur. Il farfouille dedans, y puise une chemise rebondie et sélectionne le procès-verbal de l'accident.

Votre San-A. des familles tire gravement un bath carnet de sa poche, dévisse son stylo, et se met à poser des questions.

— Lieu de l'accident ?

— Calle Cinacion.

— Nom du cycliste ?

— Alonzo Bobinar, employé comme garçon de course au journal *El Correo de la Marquesa de Seviña*.

Je note fiévreusement.

— Circonstances de l'accident ?

— Le *señor* Tepabosco traversait la chaussée au moment où le cycliste arrivait. Il s'est jeté devant le vélo qu'il n'avait pas vu. Le choc l'a renversé. Le cycliste a été légèrement contusionné.

— Un détail, fais-je soudain en compulsant mon carnet comme si j'étais surpris de ne pas le posséder. A quel hôtel habitait le *señor* Tepabosco ?

— L'hôtel *Dubonn e Sinzano* !

Parbleu ! J'aurais dû y penser ! En arrivant ici, il

s'est pas cassé le chou, le Roumain : il est allé droit au cœur *of the* problème !

— Eh bien ! je vous remercie, mon général, fais-je, vous avez l'esprit très coopératif.

Il me sourit, histoire de me remercier pour la promotion et je prends congé. Mon taxi m'attend en discutaillant avec les flics de service. Il fume un cigare à côté duquel celui de Winston Churchill aurait l'air d'un cure-dent.

— *El Correo de la Marquesa de Seviña! ordonez* (en français, ordonné-je).

L'aérolithe démarre. Boum ! Servez chaud ! Me voilà déjà devant l'immeuble du baveux, car ce dernier se dresse de l'autre côté de la place. Je demande le rayon des coursiers. Un gars lymphatique me répond dans un bâillement que je dois contourner le bâtiment et pousser une porte marquée : « Entrée interdite. » Je fais.

Des types en blue-jean et maillot rayé cassent la *corteza* dans un grand brouhaha de rotatives. Je demande à l'un d'eux si le jeune Alonzo Bobinar est laga et il me désigne un petit bossu rigolar qui porte à la tempe un X en sparadrap. J'aborde le bossu sparadré. Nous avons beaucoup de mal à nous comprendre : primo parce qu'il règne céans un bruit infernal, deuxio parce que nous ne parlons pas la même langue. Un vieux type qui jacte anglais nous sert d'interprète.

Je demande par son canal à Alonzo de me narrer l'accident. Il se fait volubile et balance une tirade à côté de laquelle, les stances du *Cid* et les « stances à Sophie » mises bout à bout ressembleraient à un quatrain (de banlieue).

Le mironton traduit :

— Aux dires du coursier aérodynamique, Tepabosco s'est foutu délibérément devant le vélo. A croire, précise le pédaleur pansé, qu'il l'a fait exprès ; ce que je ne suis pas éloigné de croire, tout à fait entre nous et une bouteille d'entre-deux-mers. C'est ce point, du reste, que je tenais à me faire préciser car, plus je réfléchis, plus je pense que ce micmac est en réalité une mise en scène savamment élaborée. Je remercie Alonzo Bobinar pour son amabilité. Je lui recommande de ne pas se perdre (car si un bienfait n'est jamais perdu, on peut craindre qu'un bossu n'encoure ce genre de risque) et je ressors dans la ville torride. Mon chauffeur a fumé quatre centimètres de son obélisque.

— Hôtel *Dubonn e Sinzano* ! que j'enjoins. Comme vous le voyez, mes frères, je ne chôme pas.

Le palace est climatisé et je regrette de ne pas y être descendu. Tout à mon souci de protéger Béru, je ne me suis pas occupé du *home*. Mais maintenant que les circonstances ont rendu mon incognito superflu, nous pourrions nous loger plus décemment, non ?

Un portier chamarré comme un contre-amiral haïtien me tend une oreille attentive.

— Je voudrais parler au *señor* Tepabosco ! déclaré-je gentiment et de cet air innocent qui m'a valu le premier prix au concours de bobards organisé par la fédération des Bourreurs de crâne du Calvados.

Je bonnis ça commako, manière d'engager des pourparlers à propos du Roumain, car je me doute qu'il n'est pas revenu à son hôtel.

— De la part de qui ? questionne l'homme aux clés.

— Un ami de France, fais-je.

Le portier se rembrunit.

— Très bien, je vais l'appeler.

Alors là, mes cailles, j'en ai la glotte qui fait du yo-yo, les rotules qui se dévissent, la moelle épinière qui se liquéfie et les précieuses ridicules qui carillonnent. Casimodus Tepabosco, après avoir quitté l'hosto en pantoufles, est revenu à son hôtel ! Voilà qui n'est pas banal ! Y a de quoi se raser la moustache avec un tesson de bouteille, non ?

Tandis que je m'étonne, le portier téléphone. Il dit à Tepabosco qu'en *french friend* est laga qui désire lui parler. L'autre répond que c'est O.K. !

— Chambre 605 ! fait le préposé en se désintéressant illico de moi.

Je vais à l'ascenseur. Le liftier est un petit Noir sympa dont la principale activité consiste à rigoler comme un fromage entamé. Il me pilote jusqu'au sixième étage *of the* building et me désigne la chambre 605.

Toc toc !

Nobody ne répond. J'insiste : ballepeau. Est-ce que mon zèbre se serait taillé par la sortie de secours ? J'actionne le loquet, la lourde consent et j'entre dans une gentille chambre aux couleurs pimpantes. Elle est vide. Je gagne la salle de bains, vide aussi. Qu'est-ce à dire ? Je m'apprête à ressortir lorsque je perçois un brouhaha en provenance de la place. Je cavale à la fenêtre et j'ai l'aorte qui fait *tilt*. En bas, sur le trottoir, il y a un type les bras en croix, disloqué. La foule s'agglutine autour de lui comme des mouches sur une sucette. Je suis prêt à vous parier l'œuf de Christophe Colomb contre celui de Yul Brynner que mon Tepabosco s'est défenestré.

San-A. redescend au rez-de-chaussée en utilisant un moyen moins rapide mais également moins brutal que le Roumain. Je me faufile à travers la populace vociférante. Pas d'erreur : c'est bien Casimodus qui gît là. Il a la tronche en bouillie, pourtant son visage est net. C'est bien celui de la photo. Il porte des pantoufles, il est en manches de chemise et pantalon de toile de lin. Cette fois, les jules, pas d'erreur : il a bel et bien perdu la mémoire.

Je retourne vers le liftier.

— Est-ce que quelqu'un est venu avant moi rendre visite au 605 ?

— Non, monsieur.

Ce gentil négus m'est de plus en plus sympa. Je me mets à l'interviewer en profondeur.

— Il y a longtemps que l'homme de la chambre 605 est descendu au *Dubonn e Sinzano* ?

— A peu près huit jours.

— Il a reçu des visites au début de son arrivée ?

— Je ne crois pas, je ne sais pas.

— Tu n'as jamais conduit personne à sa chambre ?

— Non, jamais…

Ça n'évolue pas vite. Je me rabats sur le portier. Ce dernier me coule un regard inquisiteur. Je devine ce qui se passe dans sa tronche surchauffée. Môssieur se demande si par hasard je n'aurais pas aidé Casimodus à faire son plongeon de haut style.

Dehors les voitures de police et les ambulances radinent à tout-va. Je me demande si je ne vais avoir des ennuis. Après tout, le suicide de Tepabosco s'est produit quelques secondes seulement avant que j'entre dans sa chambre. Peut-être même est-ce en m'entendant frapper à sa porte qu'il s'est décidé à aller voir dehors si j'y étais ? Vous ne voyez pas, mes frères, que la Rousse d'ici me cherche du suif ? L'envie me démange de me déguiser en courant d'air. Seulement, je suis dans une île, et il n'est pas fastoche de quitter une île sur la pointe des pieds.

J'en suis là de mes réflexions lorsque les flicards investissent l'hôtel. Grâce à Dieu, c'est l'officier de police qui vient de me rancarder à propos de Tepabosco qui s'occupe de l'affaire. En m'apercevant, il sourit et me serre la louche, ce qui dissipe les doutes du portier à mon endroit et clarifie ma situation.

Le poulet cuhaltier écoute le récit ; puis il hoche la tête et décrète :

— Crise de folie, il s'est supprimé !

Affaire classée, Votre Honneur. Dans les pays de soleil on n'aime pas couper les poils Job en quatre dans le sens de la longueur ! On est expéditif. On part du principe que plus les choses sont simples, moins elles sont compliquées. Le poulet m'offre un cigare, puis il me serre la louche et disparaît en donnant des ordres à ses sous-fifres pour faire évacuer le cadavre et pour rédiger le rapport. Ah ! le brave homme. S'il n'avait pas une moustache aussi rébarbative, je l'embrasserais.

Me revoici seul avec le saint Pierre du *Dubonn e Sinzano*. Je lui pose les mêmes questions qu'au liftier et il m'y fait les mêmes réponses. Non, avant son accident, Tepabosco n'a jamais reçu de visites et personnes ne l'a demandé. La piste est coupée net. Que faire ? Où aller ?

Je me dirige vers la porte-tambour qu'actionne un autre général en tenue d'apparat.

— Taxi, *señor* ? me demande-t-il.

On vient d'emporter la pauvre carcasse du Roumain et la place a déjà repris son aspect paisible. La chaleur est étalée sur la ville comme de la crème fouettée sur un saint-honoré. Je regarde alentour. Mon bahut est toujours là. Le chauffeur a seulement allumé un autre cigare. Je le désigne au groom.

— Ça va, j'ai mon manger…

Et c'est à cet instant précis qu'il me vient une idée.

— Dites, *amigo*, vous connaissiez le monsieur qui vient de tomber ?

— Oui, *señor*.

— Il a pris des taxis les premiers jours qu'il est descendu au *Dubonn e Sinzano* ?

L'autre réfléchit.

— Oui, *señor*, une nuit…

Je sursaute.

— C'est vous qui lui avez procuré la voiture ?

— Oui, *señor*, c'est moi.

J'explore rapidos mes profondes et je lui tends un billet de cinq ronds de fumée[1]. La banknote est d'un beau vert épinard, les chiffres sont écrits en rouge et l'effigie d'Infidel Castré est jaune canari. Le groom se l'introduit dans les fouilles et me remercie d'un hochement de tronche.

— J'aimerais parler au chauffeur de la voiture en question, *amigo*.

— C'est très facile, *señor*, ricane le groom, c'est celui qui conduit votre propre taxi.

J'en suis sur les moyeux. Le hasard est bien le dieu des policiers, faut admettre. Avouez qu'il y a des choses plus extraordinaires qui ne sont jamais arrivées. Je bondis sur mon fumeur de cigares.

— Vous avez vu l'accident ? je lui demande.

— Et comment !

— Le type s'est jeté par la fenêtre, n'est-ce pas ?

— Je crois plutôt qu'il a perdu l'équilibre. Il a poussé un cri terrible en tombant.

— Vous le connaissiez ?

— C'était un client de l'hôtel. J'ai eu l'honneur de le conduire, *señor*.

— Et vous l'aviez conduit où ?

— Au *Parisiana Club, señor*.

Mon enthousiasme s'affaisse brusquement comme un quartier de Clamart. J'espérais qu'il me donnerait

1. L'équivalent de mille anciens francs.

un bon tuyau. Tout bêtement Casimodus se faisait tartir un soir et il est allé dans une boîte de nuit pour lutter contre le dépaysement.

— C'est bon, hôtel *Byrrho Quinquina* !

Le Gros tourne en rond dans sa chambre aux murs lépreux où quelques cloportes disputent un marathon. Les pièces de l'hôtel sont vraiment locdues et il ne faut pas avoir peur des mouches, non plus que des araignées, pour y pieuter. En fait de sanitaire, elles ne comportent qu'un lavabo ébréché muni d'un robinoche d'eau froide.

— Ah ! te voilà, meugle l'Immense. J'ai une faim du tonnerre !

— Tu ne vas pas me croquer tout vif ! fais-je en reculant.

— J'aime le poulet, mais pas quand il est coriace, proteste Son Obésité.

Il redevient un tantinet sérieux.

— T'as du neuf ?

— Un peu, mon neveu.

Et je lui fais un résumé des ultimes événements.

— Cette fois, murmure le Mahousse, c'est le blague-oute le plus complet.

Nous allons galimafrer dans une *fonda* voisine. On se cogne une omelette au crabe, du crabe farci, et de la pince de crabe au sucre. Nous sommes de plus en plus déprimés. Malgré la note, la température reste très élevée et nous suons comme des malheureux.

— Puisque la piste de l'hôtel *Dubonn e Sinzano* n'a rien donné, comment qu'on pourrait retrouver le correspondant du Vioque ? fait le Béru au dessert en allumant un cigare de diplomate sud-américain.

— Demain, j'essaierai de bigophoner au patron. Je lui apprendrai la mort de Tepabosco et lui demanderai ses instructions.

— Vu ! Tu crois qu'il va nous laisser moisir ici jusqu'au premier vendredi du mois prochain ?

— C'est possible !

— Malédiction ! Moi, j'aime pas la chaleur.

— Demain, dis-je, nous changerons de crèmerie ; tu es descendu dans un hôtel infect, Gros.

— C't à cause de mon taxi. J'y ai dit de me conduire dans un établissement pas chérot...

Il souffle un nuage de fumée et on se croirait à la dernière image du film tiré d'*Anna Karénine*.

— Qu'est-ce qu'on pourrait fiche ? T'as sommeil, toi ?

— On va aller écluser un gorgeon au *Parisiana Club*. Le Roumain y est allé le soir de son arrivée.

— Si tu voudras, accepte Béru.

Une vraie boîte d'amorphe, ce gros lapin. Il est flasque et désenchanté. Je sens que je plonge également dans une espèce de torpeur morose. Si nous ne réagissons pas, nous allons devenir gâteux, mes frères.

*
* *

Le *Parisiana* tient davantage du bal musette que de la boîte de nuit. C'est un grand local cerné par un balcon de bois et décoré de lampions. Détail curieux, le toit s'ouvre et on a la Voie lactée en guise de plafond.

Des tours Eiffel stylisées sont peintes à fresque sur les murs. Probable que ce sont ces reproductions qui sont chargées de justifier le nom de la taule. Sur une estrade, un orchestre mexicain joue de la musique guatémaltèque. Les musicos portent des blouses de soie tango et des pantalons flottants noir et or. Au fond de la salle il y a un immense comptoir où s'agglutine une foule en sueur. Des couples se trémoussent sur la piste dans des figures terriblement excitinges tandis qu'au premier rang, des gars à tronches patibulaires picolent de l'alcool en matant les danseurs.

Nous nous frayons un passage dans la populace et nous finissons par aborder le rade. Des serveurs fringués en toréadors s'affairent pour servir la horde d'assoiffés. On se mouille la glotte avec du punch froid et Béru décide de danser. Il a repéré une brune ardente, plus velue qu'un tapis-brosse et dont la moustache gauloise l'inspire. Cette môme a une taille comme un cercle de barrique, des jambes façon tronc d'arbre et des loloches avec lesquelles on doit pouvoir capter Londres sans difficulté. Bref, c'est l'idéal féminin du Gros.

Comme l'orchestre attaque un tango, il se risque et va présenter ses jambons à la brune piquante (d'autant plus piquante qu'elle ne s'est pas rasée). La donzelle accepte et les voilà qui plongent dans la fournaise, tandis que les loupiotes se mettent en veilleuse et que des boules à facettes criblent la salle d'éclats chatoyants. Les Cuhaltiers se marrent comme des baleines dont on chatouillerait les fanons avec des plumes de paon. L'exhibition du Mahousse, c'est pas rien. Quand il fait ployer sa cavalière sous sa brioche, on dirait un bulldozer en train de déraciner un arbre. Je remarque que nous détonnons dans la turne. Tous les clients sont originaires de Cuho, c'est certain. Le *Parisiana* n'est pas une boîte pour touristes et c'est cela qui lui donne un côté bal musette. Mais alors, pourquoi Tepabosco s'y est-il fait conduire ? S'il avait voulu s'amuser un brin, on lui aurait conseillé d'aller ailleurs.

Comme le tango c'est le vice du pays, le bar se trouve provisoirement déserté. Tout le trèpe est au corps à corps sur le parquet ciré. Je me tourne vers mon barman. J'ai un bifton de cinq ronds de fumée au bout des doigts et ça l'hypnotise. Il me zieute la poigne comme une manucure s'intéresse à celle d'un bonze chinois qui va fêter ses cent ans sans jamais s'être coupé les ongles.

— Dites-moi, *amigo*, il y a quelques jours, ce devait être jeudi dernier, un de mes amis est venu ici…

Je sors la photo de Tepabosco, celle que le Vieux avait découpée dans un programme.

— Vous reconnaissez ?

Mon interlocuteur est un petit homme un peu plus brun que dix kilos d'anthracite peints en noir par un Sénégalais travaillant dans une usine de goudron dont le propriétaire serait en deuil. Il a d'épais sourcils, un nez cassé, des dents proéminentes et une cage thoracique pareille à une cage à serin.

Il regarde tour à tour la photo et le billet de banque.

— Oui, je reconnais.

— Vous rappelez-vous si mon ami était seul ici ?

— Non, *señor*, il n'était pas seul.

Une lampe rouge s'allume sous ma coiffe. Qu'est-ce à dire ?

— Avec qui était-il ?

— Avec une dame, *señor*.

— Une dame du pays ?

— Oui, *señor*.

— Vous la connaissez ?

Mutisme. Il est temps de larguer le bifton et d'en faire miroiter un autre, car celui-ci commence à perdre de son éclat. Je pousse le billet vers le serveur. Mon geste n'est pas achevé que le portrait filigrané d'Infidel Castré a déjà disparu. J'en sors un deuxième.

— Que disais-je, amigo ? Oh, oui : vous connaissez la dame en question ?

— Oui, *señor*.

— Qui est-elle ?

Remutisme, re-re-billet. C'est un gouffre, ce mec-là ! Le trou du tronc du culte !

— Où en étions-nous ? soupiré-je en tortillant au bout de mon index un troisième bifton…

— Vous me demandiez le nom de la personne, fait le loufiat.

— Exactement ! Quelle mémoire, m'extasié-je. Ainsi donc, vous savez son nom ?

— Oui, *señor*.

— Et elle s'appelle ?

— Je suis un homme discret, *señor*.

— Alors n'en parlons plus, murmure San-Antonio en enfouillant son faf.

Le visage du barman revêt une expression désolée. Nous restons un instant sans piper. Puis je soupire.

— Je suis également un homme discret, *amigo*.

— C'est ce que j'étais en train de penser, assure le garçon. La dame s'appelle Conchita Danlavaz.

— *Gracias*. Elle habite dans le secteur ?

— C'est une demoiselle de la maison, *señor*.

— Voulez-vous dire qu'elle est ici ce soir ?

— Elle y est !

Il ne répond pas. Je lui remets le troisième ticket, il remercie d'un battement de cils et chuchote.

— C'est celle qui danse là-bas, avec le marin barbu.

Je me tourne face à la piste et je repère la donzelle en question. C'est une grande fille, jeune, belle, à la peau ambrée et qui est entièrement décolorée. De la bête de race. Il doit faire bon la déguiser en matelas Simmons.

Et comme danseuse, oh ! pardon. Si à l'horizontale elle tangote aussi bien qu'à la verticale, le chauve à col roulé doit drôlement pavoiser !

Je comprends que Tepabosco lui ait fait du gringue. C'est exactement le genre de personne à qui on a envie de montrer ses estampes japonaises.

— Servez-moi un autre punch ! fais-je au barman.

Le tango s'arrête. Un Béru plus ruisselant que les murs d'une pissotière revient, escorté de la belle pileuse aux poteaux de béton.

— Je te présente Incantation, me dit-il fièrement.

La môme rectifie :

— Incarnation.

Le Gros lui claque le soubassement.

— Quand on a un prénom à pieuter dehors avec un billet de logement on fait pas de rebecca, se marre-t-il. Tiens, ma gosse, je te présente mon ami…

— Jean Népaller ! m'empressé-je.

— Exactement, bredouille l'Enflure, qui allait bel et bien étaler mon blaze.

La *señorita* se commande une boisson fermentée et étale ses flotteurs sur le bar.

— Qu'est-ce tu veux, fait le Gros, quand on a la manière de présenter ses lettres de crédence, on est gagnant. Moi, les toutones, qu'elles soyent ricaines, asiennes, européennes, océaniennes et bohémiennes, j'ai une façon de m'y prendre qu'elles comprennent tout de suite à qui qu'elles z'ont n'affaire !

Reclaque sonore sur le compartiment étanche de sa rombière.

— Pas vrai, Inflammation ?

L'autre écarte ses moustaches pour lui décerner le sourire de la soumission. Je me dis que c'est pas tout ça et qu'il serait opportun d'inviter la môme Conchita Danlavaz à prendre un godet. Elle a beau être entraîneuse, c'est pas tous les jours qu'elle entraîne un zigoto arrivant d'Europe. Elle doit se souvenir de sa soirée avec Casimodus, non ? Un homme seul, lorsqu'il est loin de chez lui et qu'il rencontre une nana à l'oreille aussi complaisante que le réchaud deux flammes, ne manque pas de se raconter. C'est un vice. Peut-être que cette pin-up pourra m'affranchir à propos du Roumain.

Je la cherche dans la salle. En ce moment, elle est en train de discutailler avec un grand pas-beau aux rouflaquettes ravageuses.

Je m'approche du couple au moment où l'orchestre remet le couvert avec le tango de *Certains l'aiment chaud*.

— Si vous voulez me permettre, *señorita* ! demandé-je en m'inclinant devant elle.

Le pas-beau aux rouflaquettes s'interpose :

— Vous ne voyez pas que cette fille est avec un monsieur ?

— Quelqu'un qui appelle une aussi ravissante demoiselle « cette fille » ne saurait être un monsieur, rétorqué-je du tac au tac.

Il verdit.

— Pardon ? Vous répéteriez ce que vous venez de dire ?

— Volontiers, si je doutais un seul instant que vous fussiez sourd, *señor*. Mais en vous voyant d'aussi grandes oreilles, la chose me paraît peu probable.

Conchita éclate de rire. Quelques personnes se rapprochent, flairant la castagne. Mon rival décrit une légère rotation et me balance un crochet. Seulement s'il m'avait prévenu huit jours à l'avance par lettre recommandée avec accusé de réception je n'aurais pas été davantage sur mes gardes. Vous le savez, les jeux du corps me sont aussi familiers que les exercices de style. J'esquive promptement et, avant qu'il ait eu le temps de piger, je lui expédie un doublé à la face. Il s'ébroue, crache une dent gâtée, et dégaine de sa poche un cure-dent à casse-croûte dont la lame est longue comme la hallebarde d'un Suisse. Cette fois, ça va hallebarder, en effet. Il se précipite. L'orchestre s'arrête dans une succession de couacs et la foule se rassemble. Si vous voyiez votre San-Antonio bien-aimé, mes chéries, vous auriez des vapeurs. Je laisse charger le julot et, quand il est à ma hauteur, je décris un saut de carpe et je réussis à cramponner son bras armé. Une clé digne des meilleures ceintures noires, et mon gars est obligé de lâcher son lingue. Je lui mets alors un coup de genou dans la boîte à bijoux et un coup de boule dans son appareil à casser les noisettes. Il recrache une dent, moins gâtée que la précédente. Pour faciliter l'effeuillage de ses molaires, je replace un doublé particulièrement appuyé. Cette fois, il prend une faiblesse et s'écroule. Je ramasse son ya et je le tends à Conchita.

— *Señorita*, voulez-vous me permettre de vous offrir ce petit souvenir ? Vous vous en servirez comme coupe-papier.

Elle sourit. Ses yeux brillent d'admiration. Je sens que j'ai tout un carnet de tickets avec cette bergère. Elle admire la force et ne demande qu'à couronner le vainqueur. Le peuple est lâche. La foule m'applaudit et les videurs maison cramponnent Rouflaquettes par les ailerons et le traînent jusqu'à la lourde.

— Vous êtes fort et généreux, me gazouille Conchita.

— Assez généreux pour vous demander de bien vouloir prendre une consommation avec moi, *señorita*.

— Et galant avec ça ! ajoute-t-elle.

La galanterie, elle s'y connaît, Conchita. Elle en vend du soir au matin, cette enfant de mutins !

On va rejoindre Sa Redondance, lequel, en plein gringue avec Incarnation, ne s'est aperçu de rien.

Il salue ma conquête fort civilement (n'étant pas en uniforme la chose lui est aisée) et murmure à mon oreille :

— Pas mal, ta portion, mais pas assez poilue. Nous devisons de conserve, comme on dit chez Olida. Ces demoiselles nous disent qu'il y a peu d'étrangers à Cuho depuis la révolution. La vie y est moins marrante et, contrairement aux promesses faites par Infidel Castré, il y fait tout aussi chaud qu'auparavant.

L'orchestre cesse de fonctionner et le chef annonce qu'il va y avoir exhibition de twist par les fameux danseurs Torpatéfez y Rentrapa. Cette danse moderne n'est pas encore parvenue jusqu'à Le Corona et un murmure de curiosité accueille l'annonce apostolique.

Un couple de jeunes gens en blue-jean vient se trémousser. Maigres applaudissements du public qui préfère le tango. Le chef d'orchestre invite les assistants à danser le twist. Un jury d'honneur est constitué et la direction promet une prime de dix mille ronds de fumée à la personne qui obtiendra le premier prix.

— Si qu'on irait ? propose le Gros.

— Vas-y, je t'attends là, fais-je.

Vous croyez que le Béru se déballonne ?

Pas du tout ! Il se lève et tend la main à sa partenaire.

— Viens, ma petite Constipation, on va leur montrer ce qu'on sait faire à Pantruche.

Terrorisée, la grosse refuse. Alors Béru y va seulâbre. Il n'y a en tout et pour tout qu'une dizaine d'amateurs. L'orchestre fait un bis et ça part ! Le succès de Lagonfle est foudroyant. On dirait qu'une meute de loups enragés lui mordent les miches. Faut le voir se déhancher et ployer les jambes ! Un spectacle dantesque, gigantesque, burlesque, grand-guignolesque ! Toute la salle se met à battre des mains pour encourager le Gravos. Ecœurés, les autres concurrents abandonnent. Maintenant Sa Bonbonne est seul en piste ! Il sue ! Il s'essouffle. Il se contorsionne. C'est la grosse crise d'épilepsie, la danse de Saint-Gui poussée à son paroxysme. Sa chemise est sortie de son pantalon, ses boutons de braguette roulent sur le plancher ciré. Son chapeau aux bords gondolés compose autour de sa bouille violacée une auréole noire du plus surprenant effet. Un vent d'hystérie collective souffle sur le dancinge. Les femmes glapissent, les hommes tonitruent, les musiciens ponctuent. Et Béru, infatigable, superbe, triomphant, secoue sa tonne de tripes avec une grimace d'apoplectique en crise. Son gros dargif va et vient avec une frénésie qui ne fait que croître si elle n'embellit pas. Ça donne le vertige. Tornade sur la Manche ! Un cyclone à la Jamaïque ! Faut le voir pour y croire ! On dirait un cachalot harponné ! Le vieil homme et l'amer ! Comment qu'il secoue la salade, le Mastar ! Il est branché sur la haute tension, mes fils ! Qui m'aurait dit que j'aurais droit à une soirée pareille en venant au *Parisiana* !

Enfin le morceau cesse et le Gros s'écroule sur son socle. La salle délire d'enthousiasme. On lui vote la prime à l'unanimité plus sa voix. Triomphant, épuisé mais radieux, il nous rejoints et sa souris velue lui fait un gros mimi humide dans le cou pour le récompenser.

— Alors, chère Interdiction, qu'est-ce que tu dis de ça ?

— Mais qu'est-ce qui t'a pris ? murmuré-je. Tu sais donc danser le twist ?

— Penses-tu, rigole le Gros, seulement je vais te faire une confidence : depuis quelques jours, j'ai des morpions. Je sais pas où ce que Berthe a chopé ça… Toujours est-il que ça me démange que tu peux pas t'imaginer comment, et que c'était le moyen idéal pour se gratter en public. Tu dis que je leur ai flanqué le vertige à mes pensionnaires, dis, San-A. !

Il chope la main de sa conquête.

— Avec les dix mille ronds de fumée, j'offre à boire, décrète le Magnanime. Qu'est-ce que tu penses d'un coup de champ', Infection ?

Le Gros est vraiment le héros de la fête. Il étale son savoir avec complaisance. Il affirme qu'il a gagné des concours de danse.

— Vous aimez le jazz ? lui demande ma Conchita.

— Et comment ! Surtout depuis que Berthe et moi on a la télé. J'ai remarqué que le jazz, c'est un truc que c'est pratiquement la cour d'Angleterre qui en a le métropole.

Et pour étayer ses dires surprenants, il énumère :

— Prenez les cracks, qu'est-ce que vous trouvez ? Armstrong John, le duc Helington, la raie de Charles, étécéra, étécéra. Dans le jazz, moi, ce que je préfère, c'est les blouses.

Ces dames s'esclaffent. Elles rient d'autant plus volontiers qu'elles ne comprennent pas le français.

On se vide une boutanche de champagne qui ressemble à de la pisse d'âne diabétique et on décide d'aller faire la java dans une autre boîte. Conchita Danlavaz connaît une *taberna* où l'on peut manger de la *sopa de cebollas*[1]. Cette fille a un je ne sais trop

1. Soupe à l'oignon cuhaltière.

quoi qui vous parle à la peau. Son odeur est obsédante comme une veille d'échéance difficile et son regard de braise allume le sang.

La *fiesta* continue. Le Gros ne trouve plus que Cuho est un bled débilitant. Au contraire, il est dans une forme encore jamais vue. On se cogne la *sopa*, puis une *tortilla*. Le *vino* coule à flots. Il ne vaut pas notre Brouilly, mais le cru d'ici, le « Vino Véritas » est amusant comme l'œil de Perdrix. Il râpe le gosier au passage et vous cuite un bonhomme aussi bien que nos appellations contrôlées. A la sixième boutanche, ces dames sont pafs. Elles rigolent comme des petites folles en nous faisant des agaceries propitiatoires.

— On les grimpe à notre hôtel ? s'informe Béru dont la figure stopperait la circulation à un carrefour tant elle ressemble à un feu rouge.

— Pourquoi pas ?

J'exprime à ces dames les sentiments qu'elles nous inspirent, et je les assure que nous serions honorés de leur visite. Ça marche.

Dix minutes plus tard on envahit le *Byrrho Quinquina*, hôtel où le vieux bronze continue à se balancer les couennes dans son fauteuil grinçant. Il vient au suif en nous voyant radiner avec notre cheptel. Il dit que le prix des turnes est fixé à la personne et qu'on doit lui atriquer une rallonge pour pouvoir grimper. Un peu de vil argent le fait taire. On monte en se lutinant (ce sont des enfants de lutins) et on se sépare sur le palier. Le Gros embarque son brancard comme si c'était la fée Marjolaine, et moi, j'invite Conchita à franchir mon seuil. La souris va s'effondrer sur mon stade à puces en gloussant d'aise. Naturlich, je commence par lui débloquer une demi-douzaine de patins grand standing histoire de la mettre en confiance.

— Quelle merveilleuse idée j'ai eue d'aller au

Parisiana, je susurre d'un ton pâmé qui ferait frissonner une plaque de blindage. C'est grâce à un de mes amis...

Un petit silence. Elle n'a pas pris garde à mon blabla. Elle a la gamberge en veilleuse, Conchita. Ce qu'elle attend, ce ne sont pas des mots, mais des actes, et pas des actes notariés, croyez-le bien ; seulement San-A., vous le connaissez mes petites poules.

Pour le bilboquet de cressonnière, il est partant à condition que ça ne gêne pas le turf. Or je ne lui ai pas encore soufflé mot de Casimodus et il est grand temps d'amener notre pauvre bonhomme sur le tapis. Je reprends donc tout en exécutant un solo de guitare sur ses jarretelles roses à fleurettes noires :

— Peut-être l'avez-vous vu, cet ami, mignonne ? Il est allé dans votre taule la semaine passée.

— Quel *amigo* ?

Je glousse comme si j'étais saisi d'une idée amusante.

— J'ai justement sa photographie ici. Regardez !

Un peu déçue. Elle s'attendait à me voir sortir autre chose de mes fringues. Néanmoins elle considère poliment la frime de Tepabosco. Je la regarde avec acuité. J'ai l'impression qu'elle a marqué un petit temps.

— Je ne connais pas, assure-t-elle en me rendant l'image.

Alors là, mes amours, je décide que ça devient intéressant. Pourquoi me ment-elle ? Du moment que le loufiat du *Parisiana* a reconnu le Roumain auquel il n'a fait que servir un glass, il n'y a pas de raison que Conchita ne le reconnaisse pas, elle qui se l'est farci pendant une partie de la soirée. Si elle ne le reconnaît pas, c'est qu'elle ne veut pas le reconnaître. Et si elle ne veut pas le reconnaître, c'est qu'elle a de bonnes raisons pour ça. C.Q.F.D.

Quelles raisons ? *That is the question.*

Inutile de la questionner. Elle ne me répondrait pas. Je la sens sur la défensive. Le charme est rompu. Ne laissons pas refroidir le rôti. Je jette la photo sur le plancher comme si je n'y attachais pas la moindre importance et je reprends la séance là où je l'avais interrompue.

L'hôtel vibre des ébats béruréens. On entend gémir des sommiers surmenés. Ça craque et ça mugit comme à bord d'un vieux rafiot secoué par la tempête. On a envie d'adresser un message radio au Gros pour lui demander s'il est en perdition. Des fois que ses appareils de bord ne fonctionneraient plus et qu'il aurait paumé le cap, ce pauvre biquet.

J'entends des imprécations dans le couloir. Je m'excuse auprès de Conchita et je file aux nouvelles. Y a le dabuche de la réception qui tabasse la lourde du Gros. Il lui crie de faire appel au frein-moteur because sa taule est select et qu'il a un évêque d'une religion déformée au même étage.

L'huis du Gros s'entrouvre. Il passe une frime constellée de rouge à lèvres par l'entrebâillement.

— Quoi t'est-ce ? gronde le Gravos.

L'autre essaie de lui traduire de l'espago, mais Bérurier fait comme la porte : il sort de ses gonds. Vêtu seulement de son alliance il bondit dans le couloir et alpague le taulier par le col.

— Vous, le Diminué, écrasez un peu ! mugit le ténor. C'est pas parce que monsieur a un courant d'air à la place de ce que je me pense qu'il faut qu'il vienne jouer les râleurs. Si t'as les siamoises en matière plastique, pépère, fais ta demande à la Sécurité mais ne trouble pas la clientèle d'élite.

Les lourdes s'ouvrent un peu partout. L'évêque vient chercher des crosses à ce nudiste couvert de cicatrices et velu comme un gorille angora. Il parle d'appeler la police. Ça tourne à l'émeute. Une dame d'un certain âge, en camisole bordée de dentelle mauve, s'évanouit aux pieds de Béru, peut-être pour bénéficier de la perspective ascendante ?

Je refoule le Dodu dans sa carrée.

— Non, mais t'es pas louf de jouer les exhibitionnistes ? Tu veux te faire emballer pour attentat aux mœurs ou quoi ?

Je me retourne vers le marchand de sommeil et je dis, servilement :

— Excusez-le, le *señor* n'est pas habitué au vin de votre merveilleux pays et je crois qu'il n'est pas dans son état normal.

Puis je me hâte de relourder. Béru est très en colère.

— Tu parles d'un patelin ! Y z'ont donc jamais fait reluire une dame !

— Si, mais sans passer la bande sonore des *Canons de Navaronne*, Gros !

— C'est tout de même pas de ma faute si Embrocation fait des vocalises dès qu'on la touche !

Il jette un œil à Incarnation. Elle s'est blottie sous un drap et elle se déguise en autruche effrayée.

— La prochaine fois, lève-toi une sourde-muette.

Il s'assied dans un fauteuil en haillons et se gratte les pieds. On a envie de lui faire passer un disque des Chaussettes Noires.

— Et de ton côté, ça carbure ?

— Je me suis branché sur un lot intéressant, surtout sur le plan professionnel. Je te raconterai ça demain. Un conseil : quand tu auras fini tes essais nucléaires avec mademoiselle, surveille ton portefeuille…

Il bondit, animé d'un véhément courroux.

— Qu'est-ce que c'est que ces incinérations ! Tu me

prends pour un miché, non ? Tu te figures que je serais allé lever une ramoneuse de goussets ! Intonation est une fille réglo, ça se voit !

Il la regarde avec attendrissement. Elle vient de passer par-dessus le drap son nez en bec de pélican.

— O.K., m'excusé-je, elle sort du couvent. Excuse-moi, j'avais pas remarqué.

Avant de passer la lourde, je lui jette :

— Tu as déjà le lard et le canapé, Béru. Il ne te manque plus que des petits pois pour avoir l'air d'un vrai pigeon !

CHAPITRE IV

Le vieux taulier et ses locataires se sont dispersés et le couloir a retrouvé son calme nocturne. Furax, je pénètre dans ma chambre.

— Excuse-moi, douce Conchita, mais cet abruti…

Je ne termine pas. A quoi bon ? Puisque la pièce est vide.

Je cavale jusqu'au lit, je regarde dans la ruelle : personne.

Je me tourne vers la commode sur laquelle, je me rappelle que la môme avait posé non pas son poster mais son sac à main : il n'y est plus. Je fonce alors jusqu'à ma veste : mon portefeuille n'y est plus non plus. Tel que je vous le cause ! Il a bonne mine, le San-A., non ? Surtout après les recommandations que je viens de faire à mon acolyte ! Profitant de l'algarade, la môme m'a piqué mon larfouillet. Il contenait cent mille ronds de fumée, pas mal de dollars, quelques francs français et, surtout, ma carte de police.

Je crois qu'il va falloir que je me colle du coton dans les oreilles, car si je m'écoute, je vais décortiquer le mobilier pour en faire des allumettes.

Je retourne à une allure supersonique dans la carrée de Béru. Il vient de reprendre ses intéressantes démonstrations et sa morue roucoule comme le cheptel d'un colombophile.

— Quoi t'es-ce qu'y a z'encore ! tonne Tonton Béru.

Il est mauvais comme la grippe espagnole, mon Gravos. Il gueule que ça ne peut plus durer commak et qu'à ce régime-là il va perdre ses moyens. Néanmoins, de sa démarche pachydermique il vient m'ouvrir après être passé à travers son calbar.

— Encore toi !

Je pénètre sur son terrain de manœuvre.

— Pendant que je te chapitrais, la copine de madame me secouait mon crapaud !

Il se met à rigoler à en perdre le souffle. Il se claque les jambons et tousse comme un sanatorium.

— Et dire que tu me conseillais de faire gaffe ! Oh, ce que t'as bonne mine !

La moutarde commence à me grimper dans les sinus frontaux.

— Ecrase, Béru, je ne suis pas d'humeur à... Si tu permets, j'ai besoin de faire la causette avec ta bergère, tu la finiras après s'il en reste !

— Allons bon, c'est nouveau, ronchonne le Volumineux. J'ai idée que cette nuit, si je veux m'envoyer en l'air, faut que je prenne l'ascenseur ! Qu'est-ce que tu lui veux à Infiltration, hein ? C'est pas elle qui t'a piqué ton flouze...

— Non, mais c'est une de ses collègues dont j'aimerais avoir l'adresse.

Je m'approche du pageot où la môme Incarnation reprend des mines de duchesse effarouchée.

— Ma douce amie, susurré-je, à la suite d'un cruel malentendu, Conchita m'a quitté. Je voudrais son adresse afin d'aller lui présenter mes excuses dare-dare.

— Je ne sais pas où elle habite.

La gosse a un air aussi sincère qu'un marchand de bagnoles d'occase qui vous cloque une B 14 en vous jurant que c'est une Chevrolet dernier cri.

Je vous parie un cas de conscience contre une conscience d'Inca qu'elle se gaffe de ce qui est arrivé. Ces demoiselles doivent être outillées pour plumer les pigeons étrangers.

Moi, vous me connaissez. J'ai horreur qu'on confonde trop longtemps ma physionomie avenante avec une portion de choucroute.

Ça part sec ! « Vlouff ! » La mandale des grands soirs. Incarnation éternue son dentier.

Béru le ramasse sur la carpette élimée en protestant.

— T'as des manières !

Quant à la souris, elle vient au renaud à travers ses chicots jaunis par la marijuana. Elle ameute la garde de tous ses poumons. Pour la faire taire je lui balance ma livre avec os à travers son outillage à murmures. Le choc qui dévoile une tripotée d'étoiles toutes plus scintillantes les unes que les autres.

— Tu vas parler, ma gosse ! grincé-je. Et vite, sinon, aussi vrai que je suis l'homme le plus doux de la création, je vais te balancer par la fenêtre.

Elle pleure maintenant, des sanglots violents qui protestent.

— Je compte jusqu'à trois, fais-je. Ensuite, si tu ne m'as pas dit où crèche ta copine, tu vas déguster de la bordure de trottoir.

Ayant dit, je la cramponne dans mes bras et je m'approche de la croisée.

— Une… deux…

— Ecoute, plaide le Gros, elle peut encore servir…

— Trois !

La môme hurle :

— Non ! je vais parler…

Je la refous sur le lit. Elle pleurniche un bon coup, et, brusquement, avec une rapidité déconcertante, elle court à la lourde. Béru qui se trouvait sur le passage, la stoppe d'un croc-en-jambe. Puis, galant comme au Grand Siècle, il l'aide à se relever. Il commence à être agacé par l'attitude de sa partenaire.

— Ecoute, Interdiction, fait-il de sa voix des grands jours, mon copain a raison : faut que tu t'allonges. On peut pas se permettre de se faire pigeonner, on a un standing, tu comprends…

Je reviens à la brune pileuse.

— Alors, cette adresse ?

— Elle habite 69, Calle Igula !

Je prends note.

— J'espère pour tes fesses que tu dis vrai. Si jamais tu as menti, les arrière-petits-enfants de tes enfants eux-mêmes ne pourront pas encore s'asseoir.

Je me tourne vers Béru.

— Tâche d'être moins pomme que moi, Béru. Pendant que je fonce sur le sentier de la guerre, surveille celle-ci. Elle nous sert d'otage.

Le Gros opine. Sa large bouille congestionnée est empreinte de mélancolie.

— On peut se farcir des otages ? demande-t-il.

— A la guerre tous les coups sont permis ! dis-je.

— Tant qu'il y aura que des coups dans le genre de çui que j'y réserve, l'humanité aura pas à rouscailler, affirme mon pote.

***

La Calle Igula est une venelle obscure dans le bas quartier de Le Corona. Quelques estaminets brillent encore. On entend lamenter des guitares, et des voix avinées psalmodient des trucs qui feraient chialer un pétomane.

Je stoppe devant le 69. La maison est l'une des plus lépreuses. Elle n'a qu'un étage, et c'est tant mieux car ses fondations mitées n'en supporteraient pas davantage. Le bas est occupé par l'échoppe d'un bouif. Je m'aventure dans un escalier aussi branlant que l'ultime molaire d'un centenaire. Les marches de bois craquent comme un incendie. Me voici devant une porte à demi vitrée. On a collé du papier sur les carreaux. Aucune lumière ne filtre. Je mets la main sur le loquet et je tourne. La porte est fermaga. Heureusement que j'ai mon petit ami sésame sous la main. Cric, crac ! Cette serrure est moins rétive qu'une fille de joie.

J'entre. Une fade odeur de crasse, de friture refroidie et de fumée de cigare me saute à la gorge.

Je gratte une alouf. Sa lumière brève et vacillante me révèle une piaule minable, chichement meublée. Je découvre une bougie plantée classiquement dans le goulot d'une bouteille. L'appartement ne bénéficie pas de la fée électricité. Mais la flamme de la bougie me suffit pour examiner les lieux. Je constate que la pièce est vide. Une petite cuisine sans fenêtre la jouxte. Elle est également vide. Je fais chou blanc. J'aurais dû me douter, que, son larcin accompli, la môme disparaîtrait de la circulanche, surtout en ayant constaté qu'elle venait de piquer l'oseille d'un flic !

Où vais-je retrouver cette petite gueuse ? Sûrement pas au *Parisiana*. Elle ne serait pas patate au point d'y retourner ! J'en suis à ce point très précis de mes déboires lorsque j'entends un pas dans l'escalier branlant. Vite fait, je souffle la bougie et je file m'accroupir entre le lit et le mur.

Les pas se rapprochent. La porte s'ouvre. A la

faible clarté sourdant de la fenêtre, je distingue une silhouette d'homme.

Celui-ci fait exactement ce que j'ai fait moi-même en entrant ici : il gratte une allumette. Ensuite il rallume la bougie.

Dans ma position, il m'est malaisé de le voir ; pourtant, à certains moments de ses allées et venues, il passe dans mon maigre champ visuel. Je constate alors qu'il s'agit d'un grand gaillard brun nanti de rouflaquettes impressionnantes et je reconnais le gnace que j'ai vidé du *Parisiana*. Tiens, tiens, tiens !

Je me retiens de respirer. Rouflaquettes se penche, et, un instant, je me dis qu'il va regarder sous le lit si j'y suis. En fait, il y prend une valise. Et cette valise, heureusement, me dissimule aux yeux de notre petit camarade. Il pose la valoche sur le pieu, l'ouvre (pas le lit : la valise) et se met à empiler des fringues qu'il puise dans les tiroirs d'une vieille commode et au portemanteau vissé derrière la porte.

Si un jour vous avez des œufs de Pâques à emballer ou des sujets en verre filé, ne le prenez pas pour faire les pacsons, car vous auriez des surprises à l'arrivée. Il fout tout pêle-mêle dans la valise. Si Conchita veut être décente, faudra qu'elle s'achète un fer à repasser.

Ça me démange de bondir de ma planque pour lui placer une décoction de phalanges sur le museau. Ça me démange d'autant plus que je commence à m'ankyloser vilain ; seulement, je me dis que je ferais une bien meilleure affaire en suivant le déménageur d'élite. Pas besoin d'avoir son certificat d'études primaires pour piger ce qui se passe. Après m'avoir dépouillé, Conchita est allée rejoindre son jules. Ils se sont dit que, par Incarnation, je finirais par obtenir l'adresse de Conchita et qu'il fallait déménager d'urgence. Alors Rouflaquettes est venu en vitesse ramasser les frusques de la donzelle. Si je lui colle la dérouillée qui me picote les poings peut-être qu'il parlera ; mais peut-être aussi qu'il ne parlera pas. La prudence me conseille d'agir en souplesse.

Le grand vilain pas beau a fini sa moisson. Il éteint la bougie et se dégrouille de dévaler l'escalier. Dès que les marches ont cessé leurs gémissements, je m'élance. En trois bonds me voilà en bas. J'arrive dans la calle au moment précis où une vieille guimbarde arrangée en camionnette (on a scié l'arrière de la carrosserie et mis un plateau de bois à la place) démarre.

Votre San-A. chéri ne fait ni une ni deux : il s'élance, cramponne le bord du plateau et réussit en souplesse un rétablissement de haut style (je n'ai pas dit de style haut). Comme la guimbarde ne comporte ni lunette arrière ni rétroviseur sur l'aile, le conducteur ne s'est aperçu de rien.

Nous filons à vive allure dans le quartier crapuleux de la capitale cuhaltière. Des bouges, des venelles, des terrains vagues…

On longe le port ; sur ma droite, une forêt de grues défile. Puis on traverse un faubourg en planches. Les petites cabanes façon zone, avec leurs cheminées tordues dorment sous la lune. L'auto roule encore une paire de kilomètres et s'arrête dans un fabuleux grincement de freins inefficaces.

Rapide comme une gazelle déguisée en kangourou, je saute du plateau. Nous sommes en rase cambrousse, à l'orée de la ville.

Une *casa* confortable se dresse sur la droite, derrière une allée bordée de palmiers. Je me jette derrière une touffe de plantes grasses et j'attends.

Rouflaquettes sifflote en sortant la valise de son bahut. Il a l'air content de lui et ne paraît pas se souvenir des deux ratiches que je lui ai fait cracher au début de la soirée.

D'un pas alerte, il s'engage dans l'allée en balançant la valoche de Conchita à bout de bras. J'attends qu'il soit entré dans la maison avant de me relever. La nuit est devenue douce car une brise légère souffle de la mer. Je consulte le cadran lumineux de ma montre : trois heures moins vingt ! Je pique sur la hacienda en prenant soin de marcher dans l'ombre des palmiers.

Comme je vais y parvenir, le ronflement d'une voiture me fait tressaillir. Je me retourne, et je distingue un double faisceau lumineux en train de virer. Une auto quitte la route pour emprunter l'allée. Ses occupants m'ont-ils aperçu ? Je me file à plat ventre sur le sol aride, derrière le tronc d'un palmier et j'attends la suite des événements.

L'auto – une puissante chignole ricaine aux chromes scintillants – arrive à ma hauteur et passe sans s'arrêter. Elle va jusqu'à la porte de la *casa* et s'immobilise. Ses phares s'éteignent, trois hommes en descendent, dont l'un me paraît porter un uniforme, peut-être est-ce une livrée de chauffeur. Les arrivants pénètrent dans la maison. La porte se referme, et de nouveau le silence de la nuit s'étend sur ma tête, à peine troublé par le crépitement des insectes et le lointain grondement de la mer. San-A., dont la curiosité est chauffée à blanc, reprend sa marche en avant. Que signifie ce micmac ? Jusqu'à l'arrivée de la voiture amerloque, je croyais piger la situation ; mais maintenant j'avoue ne plus très bien réaliser ce qui se passe.

Je m'annonce à pas de loup devant la fenêtre éclairée. C'est une large baie panoramique, à demi ouverte, because la chaleur, et devant laquelle un fin voilage flotte doucement. A travers le tulle je distingue parfaitement ce qui se passe dans la carrée. De même j'entends tout, seulement les occupants parlent en cuhaltier, et, hélas ! je ne comprends pas cette langue dérivée de l'espagnol.

La pièce est vaste, bien meublée, avec des divans moelleux, un bar roulant des mieux garnis et des ventilateurs blancs aux pales ornées de rubans qui clapotent joyeusement.

Six personnages occupent ce living. Il y a là ma petite amie Conchita, son julot aux rouflaquettes, un gros bonhomme chauve et suifeux, deux fois volumineux comme Béru et qui boit de la bière à même la bouteille, un petit homme vêtu d'un costar de toile beige bien coupé (il est le seul à porter une cravate), un policier en uniforme, et un autre type bien baraqué qui doit être un poulet en civil. Drôle de réunion, les gars ; et combien inattendue ! Que viennent fiche ces flics céans ?

Pour l'instant c'est Conchita qui tient le crachoir. Elle parle abondamment, avec vivacité en brandissant mon portefeuille. L'homme au complet beige s'en saisit, l'ouvre et farfouille dedans avec une dextérité qui force l'admiration. Il dédaigne l'argent et ne s'intéresse qu'à ma carte. Si je ne craignais pas de souiller mon pantalon je me flanquerais des coups de tatane dans le dargif. Faut être vachement truffe pour conserver une carte de matuche à son nom véritable quand on se pointe dans un patelin avec un passeport suisse, non ? Un débutant ne ferait pas une chose aussi sotte ! Ah ! j'en ai sec. Si je m'écoutais, je me révoquerais, comme l'Edit de Nantes, séance tenante !

Le type cravaté (c'est sans aucune doute le *boss* de ce joli monde) enfouille ma carte. Puis il jette négligemment le portefeuille sur la table basse. Le Gros suifeux prend des verres sur le bar roulant et demande aux arrivants ce qu'ils veulent picoler. Je le comprends à ses mimiques. Les zigs répondent « whisky ». Alors il cramponne une bouteille de bourbon et leur verse de copieuses rasades.

L'homme au complet beige s'assied sur la table, face à Conchita. Ses manières sont brusques et autoritaires. Ce type-là, croyez-moi, c'est quelqu'un. Il a le regard aigu d'un oiseau de proie, une bouche aux lèvres minces, des mâchoires anguleuses.

Il pose des tas de questions à la souris qui lui répond docilement.

Pendant que ça discutaille, je quitte mon poste d'observation pour explorer la bagnole des flics. Chose curieuse elle n'a rien d'officiel. C'est une guinde normale, bleue et blanche, pleine de chromes. Sur la plage arrière il y a un outil qui m'intéresse au plus haut point : une mitraillette.

Après quelques hésitations je m'en empare. Je vérifie le magasin de l'engin : il est plein. Avec ça, on peut guérir les ulcères à l'estomac d'un tas de pèlerins. Que dois-je faire ? Donner l'assaut ?

Ce projet me semble d'une témérité incommensurable. Même si l'effet de surprise… et la mitraillette me permettaient de neutraliser ces six personnes, le coup de force ne me mènerait à rien. J'ai affaire à des flics et il est mauvais de guérir le hoquet d'un flic en lui appuyant l'orifice d'une mitraillette sur le baquet.

Je serais mis hors la loi dare-dare et il est mauvais d'être un hors-la-loi dans une île perdue en plein Atlantique. Par contre, je dois m'attendre à de graves ennuis de la part de ces messieurs qui, maintenant, connaissent ma véritable identité et peuvent à loisir nous accuser d'espionnage, Son Enflure et moi.

J'hésite encore lorsque la porte s'ouvre. Je me plaque derrière un massif d'*auri sacra fames* à feuilles vernissées. L'homme au complet beige et ses deux camarades remontent en voiture. Si jamais l'un d'eux s'aperçoit du vol de la mitraillette, je suis bonnard pour une explication. Mais ils ne songent pas à mater la plage arrière. Les portières claquent, l'auto démarre. Rouflaquettes, qui a escorté son monde jusqu'au milieu de l'allée, adresse aux feux rouges de la chignole un geste d'adieu qui traduit la satisfaction du devoir accompli. Je ne lui laisse pas le temps d'abaisser ses bras. En moins de temps qu'il n'en faut à Bérurier pour faire une faute d'orthographe il biche la crosse de la mitraillette sur la nuque. Il émet un hoquet rigolo et s'écroule dans le massif d'*auri sacra fames*.

Je me penche sur sa personne et je fais la grimace. J'ai un peu forcé la dose; m'est avis que s'il se réveille avant la fin du mandat de Nixon il aura de la chance d'avoir de la veine.

J'ai un petit pincement au palpitant. Je n'aime pas bousiller un homme, surtout lorsque je l'assaisonne par surprise. Je glisse la main sur sa poitrine et je suis rassuré. Ça bat. Il en sera quitte pour se faire poser des points de suture. Je le chope par le colbak et je le traîne dans la *casa*.

Une fois dans le couloir je le laisse quimper. Qu'il rêve en paix, ce pauvre trésor.

Conchita bavarde avec le gros suifeux. Je pousse la lourde d'un coup de pied et je m'annonce, la mitraillette pointée.

Si la môme voyait radiner le fantôme de Ramsès II en caleçon de bain elle ne serait pas plus ébahie. Ses yeux lumineux sont béants comme les portes d'une église à la sortie de la messe de minuit.

— Salut, m'sieur-dame, je fais en m'annonçant.

Excusez-moi de vous déranger, je voudrais seulement récupérer mon portefeuille.

L'objet est encore sur la table. Je le saisis et le remets dans la poche qu'il n'aurait jamais dû quitter. De près, le gros suifeux est encore plus gros et plus suifeux que je ne me l'imaginais. Si ce mec-là ne pèse pas trois cents livres je veux bien qu'on me tatoue le portrait de Michel Simon sur la poitrine.

Je remarque que Conchita, son premier sentiment de stupeur dissipé, louche sur la porte.

— Tu attends ton copain Rouflaquettes ? je lui fais. T'occupe pas de lui, ma loute, il est allé voir dans la Voie lactée si un cosmonaute n'y aurait pas perdu son casse-croûte. Maintenant je voudrais téléphoner, toute affaire cessante.

J'ai déjà repéré le bigophone sur une console.

— Ecoutez bien, mes petits fumelards, le premier qui bronche aura droit à un pot de géraniums pour la Toussaint prochaine.

Ayant dit, je compose en hâte le numéro du *Byrrho Quinquina hôtel*. A la quatrième sonnerie, la voix pâteuse du vieux kroumir braille un « allô » qui froisserait les oreilles d'un éléphant. Je lui dis d'aller me chercher mon copain Béru en quatrième vitesse car c'est une question de vie ou de mort. En ronchonnant il obtempère. Quelques interminables minutes s'écoulent. Le gros suifeux roule des yeux jaunes et Conchita me file des regards qui traverseraient un mur de prison. Enfin, la voix mauvaise du Gros hurle à mon tympan :

— Ce qui y a encore, mille génisses ! Juste au moment où que j'allais m'offrir les plus beaux instants de ma vie !

— Ta bouche, B.B. (n'oublions pas que le Gros se nomme Benoît Bérurier). Fringue-toi à toute vibure et quitte l'hôtel, car ça va barder pour tes plumes avant longtemps. Ne t'occupe pas de tes valises, c'est le genre de soucis qui perd les gens dans notre cas. Laisse tomber aussi la sœur, je t'en achèterai une autre pour tes étrennes !

— Mais je suis pas paré !

— Tu finiras de t'habiller en route. Va à une station de taxis. Frète un bahut et dis-lui de te conduire jusqu'au port. Tu passeras ensuite le long des docks. Tu traverseras un village en planches tout ce qu'il y a de cacateux, et tu suivras la route jusqu'à ce que tu aperçoives une vieille bagnole déguisée en camionnette sur le bas-côté. Tu apercevras alors une maison éclairée derrière des palmiers. J'y suis et je t'y attends. Mais pour l'amour du ciel, remue-toi le saindoux car c'est une question de minutes.

En effet, si j'en crois mon petit doigt qui est déluré pour son âge, les poulets qui viennent de filer d'ici vont vouloir me questionner. Ne me trouvant pas dans ma turne, ils se rabattront sur le taulier qui leur apprendra que je suis devenu pote avec un Français débarqué en même temps que moi dans ses draps sales et ils sauteront Béru.

Pourvu que le Gros puisse sortir de l'auberge à temps !

CHAPITRE V

J'ai beau avoir une mitraillette dans les pognes, je me dis que ma situation est beaucoup moins forte qu'il n'y paraît. Il vient en effet de m'arriver la plus sale tuile que je pouvais redouter : être démasqué. Et c'est à cette enfant de lutin que je le dois. Si miss Conchita ne m'avait pas fait cette entourloupe, j'occuperais encore une place privilégiée dans la capitale cuhaltière.

Ayant reposé le combiné sur sa fourche, comme on dit dans les romans mieux travaillés, je m'approche de la souris.

— Dis-moi, Proserpine, si on bavardait un peu à bâtons rompus… Rompus sur ta jolie échine ?

— J'ai rien à dire.

— Oh ! que si.

Mon ami Boule-de-Suif s'agite un chouïa et je me dépêche de le braquer.

— Toi, l'obèse, si tu remues un sourcil, je te déballe les tripes avec cet instrument.

Il se fige dans sa graisse rance. Ce gnace doit être cardiaque car il a les lèvres toutes bleues d'émotion.

Je me tâte. Dois-je entreprendre la môme Conchita avant l'arrivée de Bérurier ? Si celle-ci n'a pas lieu, je perds mon temps à attendre. Seulement si le Gros s'annonce, les pourparlers pourront s'organiser sur des bases plus solides. La môme Vide-Gousset m'a l'air d'être une drôle de pétroleuse. Son regard m'indique qu'elle a pour moi autant d'estime que pour un furoncle mal placé.

— On va commencer notre petite conférence de la paix, mes bijoux, j'annonce en m'asseyant en face d'eux. Je déclare la séance ouverte et j'y vais de ma première question : qui est le type qui sort d'ici avec des flics ?

Motus et bouche cousue.

J'agite un peu ma seringue.

— Si vous êtes durs à la détente, ce machin-là, par contre, ne demande qu'à prendre la parole !

Conchita hausse les épaules et murmure :

— *Hablador !*

— Tu vas l'entendre, la chanson de l'hablador, ma colombe.

Je recule jusqu'au couloir où gît le cœur de la môme. Pas beau à contempler, l'ami Rouflaquettes. Je le traîne au milieu du salon.

— Reconnais qu'il n'aurait pas volé son admission à l'hôpital le plus proche, dis-je en désignant l'estourbi.

Elle fait une grimace et détourne les yeux.

— Si on peut encore quelque chose pour lui, poursuis-je, il n'y a pas un instant à perdre. Alors je te fais la proposition suivante : tu parles et on l'expédie chez les hommes en blanc. Sinon c'est chez les hommes en noir qu'il finira la nuit.

Un silence. Je me demande ce que va décider ma soi-disant conquête de la soirée.

— Allez vous faire foutre ! lâche-t-elle d'un ton sans réplique.

— Tu es certainement de bon conseil, mais je

demande à réfléchir, dis-je sans marquer la moindre colère. Ton ami ici présent qui me paraît issu de l'accouplement d'un crapaud et d'une bonbonne d'huile sera, je l'espère, plus loquace.

Le gélatineux secoue la tête éperdument.

— Ne me faites pas de mal, *señor*, je ne sais rien.

— Penses-tu ! pépère, ce n'est qu'une absence de mémoire très passagère. Ça se soigne, tu vas voir…

Conchita se tourne vers le zig et se met à lui déballer d'une voix véhémente une tirade qui lui vaudrait son admission immédiate à la Comédie-Française. Je ne pige que des bribes de sa diatribe, mais le sens général ne m'échappe pas. Elle assure au suifeux que, s'il l'ouvre, il lui arrivera des malheurs si graves qu'il regrettera que sa mère ait rencontré son père.

C'est un gros problème qui se pose à notre ami Gras-du-Bide. Il est pris entre deux feux. D'un côté la menace intimidante de ma mitraillette, de l'autre la perspective peu réjouissante de représailles sévères.

— On se décide, mon cher furoncle ?

— Laisse-le-moi, y me plaît ! fait dans mon dos la voix graillonneuse et tant aimée de Bérurier.

Et le Gravos fait une entrée de théâtre. Il a ses bretelles qui lui battent les noix, une veste de pyjama au lieu de chemise, sa veste est partagée en deux dans le dos, il est sans chapeau et sans souliers. Ses chaussettes grises sont ravaudées avec du coton rouge. On dirait qu'il a deux truites de six livres à la place des pieds.

— T'as eu le naze creux en me bigophonant, fait-il. Figure-toi que pendant que tu me causais la Rousse intervertissait l'hôtel. Comme c'est que je sors de la cabine, j'aperçois un paquet de matuches qui causaient avec le vioque du *Byrrho*. Je me dis : « Benoît, c'est pas le moment d'apprendre l'english pour chanter le Goût Suave du Singe à la princesse Margaret. » Je regrimpe l'escadrin mine de rien. Mais voilà que, comme j'entre dans ma carrée, les roussins se lancent à l'assaut. « Qu'est-ce que c'est qu'il y a ? » me demande Interjection. J'y mets une mornifle à bascule pour la faire taire et je me reloque comme un qu'entendrait sa femme rentrer tandis qu'il se farcit la bonniche. Les autres commencent de cogner dans la lourde. Y avait pas à hésiter : j'ai filé par la fenêtre… J'ai voulu me laisser glisser le long du tuyau d'écoulement, mais il a cédé et je m'ai retrouvé accroché par la veste à l'enseigne de l'hôtel. Heureusement, sans quoi je me fracturais quèque chose. J'ai pu me dégager. Juste à ce moment, un poulet qu'était au volant du car de flics s'est annoncé. Il arrivait pas à déboucler son étui à revolver, ce tordu. Et je te jure qu'il est pas près d'y arriver. Je l'ai cueilli d'une droite au menton comme Carpentier lui-même a jamais pu en placer une !

Il se tait pour reprendre haleine.

— Vois-tu, San-An., murmura-t-il, j'aime mieux ça. Je commençais à me détériorer le moral avec ces histoires…

— Tu es venu comment ?

— Ben, avec le car de police.

— Hein ?

— J'allais pas me mettre à chercher un taxi en chaussettes, non ?

— Et le car, qu'en as-tu fait ?

— Il est derrière la maison, on ne peut pas le voir de la route.

— Béru, tu es le chevalier Bayard ressuscité !

Il hausse les épaules.

— Quand on est presque quasiment commissaire, faut se montrer à la hauteur, non ? Bon, c'est pas le tout. T'avais des questions à poser à ces messieurs-dames, je crois avoir compris ?

— Exactement.

Il opine.

Puis de sa démarche de gladiateur il va couper les cordons de rideaux et s'en sert pour ficeler Conchita et le gros moche.

— Pour sa pomme, c'est pas la peine, hein ? me dit-il en montrant Rouflaquettes.

La présence du cher homme me dope. C'est physique. Béru a beau être un individu borné, cradingue et aussi bien éduqué qu'un crachat sur un trottoir, il n'en possède pas moins une étonnante personnalité qui vous subjugue.

— On va commencer par le bonhomme, lui soufflé-je dans le cornet, il m'a l'air plus facile à convaincre. Seulement il faut isoler la poule car cette petite garce l'intimide.

Sans mot dire, Béru saisit Conchita tel un paquet de linge sale et va la remiser dans la pièce voisine.

— A nous deux qui dansons si bien, fait-il en revenant. Pose-z'y les questions, je me charge de t'obtenir les réponses.

— Je leur ai déjà demandé qui était l'homme qui leur a rendu visite tout à l'heure.

Et je répète ma question en anglais. Le Gros se tourne alors vers le Suifeux.

L'autre, ficelé au dossier de sa chaise, sent que son destin débloque et il claque des dents. On dirait qu'on verse un sac de lentilles dans une baignoire de zinc. Comme il reste muet, Béru l'entreprend. On ne peut pas mesurer l'étendue de son imagination. C'est le Blaise Pascal du passage à tabac ; le Descartes du sévice ; le Montesquieu de la persuasion. Il commence par enfiler son index et son médius droits dans les narines du gars. Puis il monte sur une chaise et entreprend de soulever son client à quarante centimètres du sol.

— Force et souplesse ! déclame Béru. Dis-y au monsieur que son pif va ressembler à un entonnoir, dans pas longtemps et peut-être avant !

Je traduis, mais le « monsieur » ne m'écoute pas. Il pousse des cris de goret égorgé. Le sang ruisselle de son tarin. Lorsque Bérurier lâche sa prise, il a les doigts tout rouges et se les essuie aux vêtements de sa victime.

— Ça, c'est seulement du museau de porc en guise d'hors-d'œuvre, affirme mon valeureux coéquipier. Maintenant j'y sers les filets de sole meunière.

Il se place face au bonhomme, écarte ses bras, et se met à le gifler à toute vitesse, des deux mains. Il lui colle une vingtaine de doublés et laisse retomber ses épousseteuses.

— Regarde comme y donne des couleurs à ce pas-frais ! Pas la peine de changer les assiettes, je lui apporte le plat de résistance illico : la côte de bœuf braisée !

Il recule et lance sa jambe en avant pour filer un coup de savate dans la figure du suifeux, mais il calcule mal son élan et s'écroule sur le plancher. C'est tant mieux pour l'autre qui serait sûrement mort asphyxié. Fou de rage, le Gros se relève et, ne pouvant plus nuancer ses sévices, se jette sur le faisandé qu'il chicorne à coups de poing.

J'arrête le massacre.

— L'abîme pas trop, il a peut-être envie de parler.

Je pose la question au zig qui me répond que son plus cher désir est de me satisfaire pleinement.

— Ton nom ?

— Juan Lépino.

— Cette maison est à toi ?

— Oui.

— Qui est le visiteur de tout à l'heure ?

— Paulo Chon.

Je m'en doutais vaguement. Je respire profondément, allons, ça commence à carburer. On vient de se replacer sur l'orbite, le Gros, ses morbacks et moi. Nous sommes plus qu'au vif du sujet : nous en sommes au cœur.

— Vous travaillez pour Chon ?

— Oui.

— Tu as connu Tepabosco ?

Il fronce les sourcils.

— Oui.

— Parle-moi de lui.

Il écarquille les yeux.

— Mais je ne sais pratiquement rien, *señor*. Sinon qu'il arrivait d'Europe pour surveiller Paulo Chon.

Donc, quoi qu'en pense le *boss*, Casimodus était un traître.

— Comment le sais-tu ?

— Il l'a dit à Conchita.

— Et comment a-t-il connu Conchita ? Par hasard ?

— Je ne pense pas.

— Alors ?

Il hésite. Le suifeux reprend un peu du poil de la bête. Quand on discutaille avec un gars, il ne tarde pas à se sentir en confiance. Mais Béru veille. Il s'approche du ficelé et ce dernier reprend conscience de sa situation comme par enchantement.

— Je vais tout vous dire, *señor*. Paulo Chon a été prévenu par une lettre anonyme qu'un étranger venait d'arriver à l'hôtel *Dubonn e Sinzano* avec l'intention de lui nuire.

— Intéressant. Alors ?

— Alors il a chargé Conchita d'entrer en contact avec l'homme.

— Quelle idée ?

— Paulo Chon est un homme très habile, *señor*. Il sait que très souvent la ruse d'une femme réussit là où la force d'un homme échoue.

— Continue.

— L'homme en question a, je crois, subi le charme de Conchita.

— Et il a parlé ?

— Pas tout de suite. Mais il a parlé. Mieux : il a fait alliance avec elle et Chon. Pour avoir un alibi vis-à-vis de ses chefs d'Europe il a fait exprès d'avoir un accident. C'est tout ce que je sais, *señor*. Par le sang du Christ, je le jure !

A mon humble avis ça n'est déjà pas mal.

— Es-tu au courant des rendez-vous qu'a Paulo Chon avec des gens de la Guadeloupe ?

— Absolument pas, *señor*. Je travaille assez peu pour Chon. Je... je ne fais que récolter pour lui des renseignements dans les lieux publics.

Un indic. Un simple indic. Je traduis à Béru qui hausse ses magnifiques épaules de plantigrade.

— Pas étonnant qu'il s'affale dès qu'on lui donne une tape ! fait mon camarade avec mépris.

— Passons maintenant à la souris, dis-je. Elle doit en avoir long comme un peloton de ficelle à nous raconter. M'est avis qu'elle est dans les papelards du chef poulet, elle.

— Je te la ramène, fait le Béru.

Il passe dans la pièce voisine et y pousse un grand cri intraduisible en sanscrit. Quand le Gros pousse une beuglante, faites-moi confiance, point n'est besoin de baisser l'intensité du poste de radio.

Il radine, toujours en chaussettes.

— Cette vermine de maison de passe s'est échappée !

— Hein ?

— Elle a frotté ses liens contre la plaque de verre du bureau pour les cisailler.

Je me pince le nez, ce qui, chez moi, est le signe d'une intense réflexion.

— On n'a plus qu'à déménager en vitesse, Gros. A l'heure qu'il est, l'alerte est peut-être donnée et on va avoir droit à une corrida de première !

A peine ai-je parlé qu'un ronflement d'auto nous parvient. Des portières claquent une, deux, trois, quatre, cinq, six…

Doit y avoir une tripotée de bagnoles.

— V'là de la visite, annonce Béru. Tu crois qu'ils viennent prendre le thé, ou quoi ?

— La fenêtre, soufflé-je, vite !

— Mais je suis t'en chaussettes, objecte Sa Rondeur.

— Objection non valable, Votre Sonnerie, fais-je en sautant dans le jardin.

CHAPITRE VI

Les matuches pullulent dans le secteur. Et ils continuent de radiner. De nouvelles bagnoles stoppent devant l'entrée de la maison. Heureusement pour nous, ces patates ne commencent pas par la cerner et se contentent de s'agglomérer devant l'entrée.

Courbé en deux, je fonce à travers une pelouse dont l'herbe jaunie craque sous mes semelles. Le pas lourd et feutré du Gros Sac sans souliers me file le train. Nous atteignons sans encombre une haie vive derrière laquelle nous nous accroupissons.

Maintenant, il s'agit de prendre une décision, de la choisir bonne et de la mettre rapidement à exécution.

Ces messieurs grouillent dans la maison. On voit une sarabande de silhouettes caractéristiques se dessiner derrière les voilages.

Des lumières s'allument au premier étage, des coups de sifflet retentissent, des ordres fusent. Ça piétine, ça trépigne, ça s'exclame, ça déclame, ça téléphone…

Et voilà que des poulets sautent par la fenêtre que nous avons nous-mêmes empruntée et s'égaillent dans le garden. Sans doute ont-ils délivré le suifeux et cet abominable leur a désigné la voie de notre fuite.

— C'est le moment de numéroter nos plumes ! me souffle le Gros. J'ai idée qu'y va y avoir du dégât !

Je coule un coup de périscope par-dessus mon épaule. Derrière nous, c'est la savane, plantée d'arbres chétifs et qui s'éclaircit jusqu'à l'orée des faubourgs. Seulement, entre elle et nous, il y a une étendue gazonnée, absolument nue.

— Faut les mettre, chuchote Béru.

— Avec ce clair de lune à tout casser, on est certains de déguster du plomb avant d'avoir fait dix mètres !

Je me tais, car deux malabars coiffés de casquettes plates à visière carrée s'avancent dans notre direction.

— Tu leur envoies le potage ? murmure l'Enflure.

Du regard, je lui fais signe de se taire et de ne plus broncher. Il m'obéit. Les deux flics ne sont plus qu'à cinq mètres de nous. Votre San-Antonio bien-aimé pense tellement vite que la trajectoire de sa pensée ne peut se mesurer qu'en années-lumière. Je me dis que notre haie étant la seule du jardin, ils ne peuvent pas ne pas regarder derrière. Et s'ils regardent ils ne peuvent pas ne pas nous voir. Je voudrais bien que le temps suspende son vol, comme un garçon de ferme soigneux suspend son falzar à un clou de la grange avant de caramboler la servante du château. Alentour le ramdam est à son comble. Ça piétine, ça vocifère, ça s'interpelle, ça se bouscule, ça klaxonne.

Les deux poulardins sont là, devant nous, masqués à leurs collègues par la haie. En une fraction de dixième de seconde je me dis : « S'ils n'ont pas leur pétard à la main, j'ai une chance. »

Je les braque avec ma mitraillette et à voix basse je leur dis :

— Un cri, un geste, et vous êtes morts tous les deux !

Le premier se pétrifie. Le second porte la main à sa ceinture pour solliciter l'aide et l'assistance de ses camarades. Il a un brin d'intelligence et il se dit que cela ne me servirait de rien de tirer, puisque toute la meute se rabattrait sur nos côtelettes. Mais Béru est l'homme des grandes occases. Tel un monstrueux crapaud buffle (et plus buffle que crapaud), il bondit en avant, tout en restant accroupi. Sa tronche taurine percute le bide du poulet. Rude coup de boutoir, mes frères. Il vaut mieux réceptionner un train de marchandises dans l'estom' plutôt que la tronche à Béru. Le poulet cuhaltier part à la renverse en suffoquant. Bérurier se jette alors sur lui et, d'un coup du tranchant de la main sur la glotte, l'envoie à dame pour le compte. L'autre flageole et ses genoux applaudissent à se rompre la rotule.

— Estourbis-le d'une chiquenaude ! dis-je au Gros.

Il ne demande que ça, le Proéminent. Une châtaigne de l'Ardèche bien placée sur la nuque du second poultok, et nous nous retrouvons seuls.

— Prends la casquette et le ceinturon de l'autre, dis-je, et filons. De loin, en ombres chinoises, nous ferons peut-être illusion.

Aussitôt dit, aussitôt fait. Je crois que j'ai vu juste. Même de près, ces deux éléments vestimentaires transforment notre silhouette.

On se relève. A découvert, sans nous presser, nous filons en direction de la savane. Nous sommes bientôt sous le couvert des arbres et je me dis que les choses commencent à retrouver un aspect plus humain.

Le Gravos sacre comme un évêque de Reims.

— Nom de Dieu ! rouscaille-t-il (mais pas en pointillés), j'ai des épines qui me piquent les nougats. C'est pas son ceinturon, c'est ses targettes que j'aurais dû y piquer à l'aut' pomme !

— Si on s'en sort, je t'offrirai de belles godasses en or massif, promets-je. Pour l'instant, il s'agit de les mettre.

— Où qu'on va ?

— Décrivons un arc de cercle et essayons de rattraper la grand-route au niveau de l'allée qui mène à l'hacienda.

— Pourquoi ?

— Le copain de la môme Conchita y a laissé sa guimbarde. Si on pouvait la récupérer ce serait intéressant.

On fait comme je préconise. C'est difficultueux et téméraire, car ce mouvement tournant nous ramène à proximité de la *casa*. A tout bout de champ nous risquons de nous trouver nez à *nariz* avec des archers. Heureusement, ces truffes sont munis de lampes et nous louvoyons chaque fois qu'un faisceau lumineux filtre entre les arbres.

Au bout d'un quart d'heure de cheminement nous débouchons sur la grand-route. Je pousse un petit cri de déception : la chignole de Rouflaquettes n'est plus là. Conchita a dû la prendre pour aller donner l'alarme.

— Tout ce circus pour ballepeau, ronchonne Béru, c'est pas malin.

— C'est encore moins malin d'attacher une tigresse avec des fils d'araignée, eh ! loque humaine !

Il n'insiste pas. J'aperçois dans l'allée de palmiers une bagnole de police, sommée d'un phare tournant, et nous nous jetons dans un fourré.

Le véhicule fonce sur la grand-route, passe devant nous et ses feux rouges s'engloutissent bientôt dans la nuit.

J'ai un court instant de dépression.

— Il vient de nous arriver un drôle de truc, je soupire. Nous avons réussi à devenir des hors-la-loi dans ce pays. Et ce pays est une île !

Béru rêvasse un instant derrière ses cactus géants.

— Le plus con c'est que je suis en chaussettes, soupire-t-il.

— Dans quelques minutes notre signalement va être diffusé partout et nous ne pourrons pas rencontrer un âne sans qu'il se mette à braire que voilà Bérurier !

— Alors, décide le Gros, profitons de ces quelques minutes de batterie.

— Pour quoi fiche ?

— Pour nous planquer, eh, commissaire de mes trucs ! D'autant qu'il fait nuit et que c'est le moment !

— On est à plusieurs kilomètres de la ville, objecté-je.

Comme j'achève ces mots, les phares blancs d'une voiture se mettent à danser au bout de la route. Béru, qui s'était déjà dressé, reprend sa position initiale. L'auto arrive et ralentit à une centaine de mètres. Je comprends que ses occupants cherchent à se repérer. Elle finit par stopper à la hauteur de l'allée. La portière opposée à celle du conducteur s'ouvre, déclenchant la lumière du plafonnier. Il y a deux hommes à bord. Le passager descend en regardant autour de lui, puis il dit quelque chose à son camarade et pénètre dans l'allée tandis que le chauffeur allume une cigarette. Béru me virgule un coup de coude dans le baquet.

J'ai déjà eu la même idée que lui.

— Bouge pas, toi tu surveilles l'allée, recommandé-je.

Je suis un champion de l'hébertisme, vous le savez. En rampant je m'approche de l'auto. Je lis, peint en caractères énormes sur la carrosserie du véhicule *El Correo de la Marquesa de Seviña*. Et je pige : les journalistes ont été prévenus par les poulets qui doivent raffoler de voir leurs frimes à la une. Seulement, les explications topographiques devaient manquer un peu de précision et le photographe est allé voir si c'est bien dans cette *casa* que la corrida s'est produite. Il n'y a pas une minute à perdre. Je me dresse un peu, j'empoigne la poignée de la portière, côté chauffeur, et je l'ouvre brusquement. Le Fangio de la presse sursaute. Il me devine confusément dans la pénombre. J'avance un peu ma mitraillette dans la lumière de l'auto et instantanément il lève ses bras, en regrettant que le pavillon de la guinde ne lui permette pas de les brandir plus haut.

— Descends ! ordonné-je.

Il n'hésite pas et se hâte d'obéir. C'est pas un héros, ou alors il cache bien son jeu. A peine met-il le pied à terre que je l'estourbis d'un coup de ronfiofion sur la coiffe. J'y vais plus mollo qu'avec Rouflaquettes. Après tout, ce brave garçon ne m'a rien fait et je ne vois pas pourquoi je lui déguiserais le cerveau en poire blette. Il n'en va pas moins rouler dans la poussière sans escale. Je le pousse au creux du fossé et je siffle mon saint-bernard. Le mahousse se catapulte dans la tire.

— Chauffeur, au Bois, et lentement ! ordonne-t-il.

Il a le moral en nickel-chrome, Bérurier.

Je démarre, mais au bout de cent mètres, Son Altesse le roi des glands lance un « arrête ! » Si virulent que j'écrase le champignon.

— Qu'y a-t-il ?

— Fais demi-tour, j'ai oublié de piquer les pompes du chauffeur, des fois qu'on aurait la même pointure.

— Tu me fais tartir avec les tatanes ! grommelé-je en chauffant les feux jusqu'à ce que le compteur marque cent cinquante.

— On voit bien que c'est pas toi qui collectionnes les épines de cactus dans tes pinceaux. J'ai les pieds comme des pelotes à épingles.

— Marche sur les mains...

Il hausse les épaules.

— Tu vois, murmure-t-il. Ce qu'il y a de désagréable chez toi, c'est ton égoïsme.

***

Dix minutes de balade à cent cinquante sur une route rectiligne aussi déserte que le Sahara à deux heures du matin, nous éloignent de vingt-cinq kilomètres du terrain de nos exploits. Nous atteignons une bourgade et aussitôt je lève le pied comme un banquier qui a achevé de liquider ses actions sur les mines de nœuds papillons de la Haute-Volta.

Le patelin se nomme Santa Nanatépénar. Il se situe en bordure de la mer. Port de pêche, apport de pêches, espèce de portes ! annonce un panneau touristique.

Il est quatre heures *of the* mat'. Tout pionce. La mer elle-même est endormie.

— On ne peut guère aller plus loin, fais-je.

— Biscotte ?

— Ils ont dû faire le nécessaire et on va se casser le nez sur un barrage. Avec une bagnole aussi repérable, tu parles que nous n'avons pas la moindre chance de nous faire passer pour Elvis Presley. Il faut planquer cette chignole dans un coin et prendre la tangente.

J'aperçois un petit chemin sur la gauche. Il pique en direction de l'océan. Je l'emprunte et, un mille plus loin, j'arrive sur une plage de galets. A cet endroit, l'auto se voit à six cents kilomètres à la ronde.

— C'est choisi, comme planque, ricane Son Enflure.

— Attends.

J'amène l'auto jusqu'au rivage face à la mer. Ensuite je descends, imité par le Gros. Je prends un appareil photographique sur la banquette arrière (un superbe Carloflex à eau chaude). Je le place sous la pédale de l'accélérateur. Ensuite je biche une énorme pierre que je pose sur l'accélérateur.

— Je ne suis pas curieux, chantonne Bérurier, mais j'aimerais bien savoir ce que tu maquilles !

— Tu vas voir ce qu'on peut se permettre grâce à l'embrayage automatique ; recule-toi, le démarrage risque d'être assez brutal.

Ayant dit, je me penche par la portière baissée afin de saisir la courroie de l'étui. Je tire un coup sec. L'appareil photographique qui tenait la pédale d'accélération soulevée se retire. La pierre enfonce la pédale et la tient appuyée au plancher. Tout ça en moins de temps qu'il n'en faut à un mathématicien distingué pour compter jusqu'à 1. L'automobile se rue dans la mer. Elle ralentit because la résistance de l'eau, mais elle continue d'avancer. Elle parcourt un mètre, deux, trois, quatre mètres. Puis elle s'immobilise. Mais je m'en fous, car son pavillon affleure à peine la surface de l'eau. De plus comme il est vert, il ne se remarque pas.

— Beau turf, apprécie Bérurier. Et maintenant ?

— Maintenant, mon pote, on va essayer de dégauchir un bateau pour quitter ce patelin.

— Y a des paquebots, ici, tu crois ?

— Non, mais je n'ai pas envie de me faire cueillir en m'annonçant à bord d'un bâtiment de transport.

— Alors ?

— Ce qu'il nous faut c'est fréter un bateau de pêche. On a tout ce qu'il faut pour décider un patron de barque à nous emmener jusqu'aux côtes de Floride : de l'argent et une mitraillette !

— Tu me plais, affirme Béru. T'as quéque chose dans le crâne !

— Ça fait pour ceux qui n'ont qu'un poids chiche véreux en guise de cerveau, Gros.

— C'est pour moi que tu causes ?

J'arrondis mon index et je frappe son large front comme on toque à une porte.

— Entrez ! rigole l'Obèse.

— A quoi bon, puisqu'il n'y a personne, objecté-je. Allons, le moral est revenu, mes chéries !

CHAPITRE VII

Une barre d'émeraude s'élargit au fond de l'horizon. Dites, c'est pas beau, cette image ? Ah ! si je voulais, vous verriez un peu ce style. Je trusterais tous les prix, depuis le Goncourt jusqu'au prix Cognacq. Ce serait la méchante panique dans la littérature française, la débâcle des cracks et des Gracq ; Mauriac à la soupe populaire ! Sartre au chômage avec sa Grande Sartreuse ! Je serais obligé de faire agrandir notre pavillon pour emmagasiner les diplômes, les coupes et les Oscars. Ce seraient les essayages de mon habit vert devant les photographes internationaux ! Et la bath épée, fine et ciselée, qui est si pratique pour les grillades sur le barbe-cul ! Marcel Achard vous le dira. Seulement votre San-A. n'a pas de ces ambitions-là. La prose de salon, pour masturbé encéphalique, ça ne l'intéresse pas, le commissaire. Lui, quand il a un message à expédier, il n'écrit pas un livre, je vous l'ai déjà dit : il va à la poste. Le phosphore, il le réserve pour ses allumettes.

Phosphore et fais reluire ! Y en a qui écrivent avec des stylos au néon, d'autres avec des stylos au néant ; ça fait de plus en plus, parole ! Le gars Bibi se contente d'emplir le sien avec de l'encre ; au moins, quand il fait des taches il peut les enlever au corrector ! San-A., c'est l'allié farouche de la S.N.C.F. Le Nobel de la littérature ferroviaire. Sa longueur d'onde c'est Paris-Dijon par le Mistral ou Paris-Sens en omnibus. Le vrai repos du guerrier c'est lui. C'est grâce à San-A. que la jeunesse oublie cette époque bizarre où l'on interdit les films de Vadim aux gars de dix-huit ans, mais où on leur permet d'aller au casse-pipe. C'est grâce à San-A. toujours, que les secrétaires oublient l'ulcère à l'estomac de leur patron et les bonniches la main baladeuse du fils de la maison. San-A. *for ever !* Même les intellectuels homologués le lisent, aux gogues d'accord – chacun prend ses aises où il peut – mais ils se le farcissent régulièrement, je suis renseigné. Et les roycos ? Alors eux, c'est du délire, depuis le matuche à chaussettes de laine tricotées maison jusqu'aux huiles – que dis-je ! – jusqu'aux pierres à huile !

Le San-Antonio, c'est le signe d'une époque épique et cholestérolée ! On le trouve partout : dans les pharmacies, dans les clandés, dans les casernes, dans les presbytères, chez les presbytes, dans les mess, à la messe, à Metz (Toul et Verdun, les trois éméchés) et même chez certains libraires ! Il est pour la main tendue au-dessus des parties (à condition qu'elles ne soient pas placées trop bas). La main tendue par-dessus les frontières. Le dénominateur pas si commun que ça ! Il veut la paix, le pain, la liberté ; le pet de lapin en liberté. Il aime, quoi ! Qui ? Mais les hommes du monde entier et les femmes de mon dentier ! Oui, surtout les nanas, en amour c'est comme lors des naufrages : les femmes et les enfants d'abord. On garde le capitaine pour la bonne bouche ! Tout aimer, voilà le secret. Etre amoureux du grain de café qu'on moud le matin, de l'oiseau qui s'oublie sur votre chapeau, du facteur qui vous apporte votre feuille d'impôt, du proviseur qui vous balance du lycée, de l'adjudant qui vous fait ramper dans la boue. Aimer la boue ! Aimer la merde. Ne vous gênez pas, y en aura pour tout le monde ! Aimer, aimer ! Le voilà, le secret ! Qu'on se le dise.

Vous allez penser que je parle de moi avec assez de verve, mais je veux bien permettre qu'un autre me le serve ! Aimer Edmond Rostand, tenez ! Et puis s'aimer soi-même, surtout si l'on est son genre ! Les petits Cadums entretiennent la santé ! Flûte ! où en étais-je ?

Ah oui : la plage cuhaltière, avec Béru en chaussettes. L'aurore qui point. Et le petit port de Santa Nanatépénar endormi.

Le Gravos pousse des gémissements à chacune de ses enjambées car les galets meurtrissent ce qu'on est bien obligé d'appeler la plante de ses pieds. Au bout d'un moment, comme nous sommes à l'extrémité de la jetée (une jetée qui pouvait encore servir) il maugrée :

— Tu pourrais planquer ta sulfateuse à poumons, si qu'on rencontre quelqu'un, on pourrait jamais lui faire croire que tu vas à la pêche.

Le Sublime a raison. Je glisse la mitraillette dans la jambe de mon futal et j'ai illico l'impression de porter un appareil orthopédique. Je marche comme un gars qui aurait morflé un éclat d'obus dans les cannes ou qui viendrait de visionner un film porno.

Vaille que vaille, nous arrivons sur le port. A première vue je ne détecte pas âme qui vive, mais à deuxième vue j'entends chantonner un mec quelque part, et, à troisième vue, j'aperçois un pêcheur en train de ravauder ses filets. Un matinal. Pour l'instant, il est tout seulâbre dans l'aube fragile. C'est un jeune gars, trapu, qui porte un maillot rayé, un short, et qui fume un cigarillo.

Il nous regarde venir et s'arrête de remmailler. Il est surpris par notre aspect. Son regard de braise exprime la plus complète curiosité.

Je l'aborde par un cordial :

— *Buenos dias, señor.*

Il hoche la tête (à sa place Charpini branlerait le chef), et marmonne un truc que je ne pige pas et qui doit être une formule de politesse.

Je lui demande s'il parle anglais, et il me dit que oui. Voilà qui s'engage bien.

— C'est votre bateau, questionné-je, en désignant un petit bâtiment long d'une dizaine de mètres et pourvu d'un moteur.

— Oui, *señor.*

— Joli bateau. Figurez-vous que mon ami et moi, nous rêvons d'une balade en mer. Ça vous ennuierait de nous emmener faire une petite croisière ?

Je sors mon portefeuille et j'agite une liasse de biftons.

— On vous paierait largement.

Le regard du marin se fige. Il hoche la tête (Charpini rebranlerait le chef).

— Ce n'est pas possible, *señor.*

— Pourquoi ?

— Parce que je dois partir pêcher et qu'il me faut réparer mon filet.

— Mais si je vous paie trois fois le prix que vous pouvez espérer tirer de votre pêche ? insisté-je patiemment.

— Non, *señor.*

Le Mahousse murmure :

— Il n'a pas confiance. Faut lui causer autrement.

Je retire la mitraillette de mon grimpant et je la montre au pêcheur.

— Vous savez ce que c'est ça, *amigo* ?

— Je sais, *señor*.

— Alors, cette balade en mer ?

Il lâche son filet.

— Montez, *señor*.

Aussi simple que je vous le bonnis, mes enfants. Voilà un type qui ne se perd pas en jérémiades et qui sait se plier aux circonstances.

— Qu'est-ce qu'il dit ? s'inquiète Béru.

— Que c'est O.K. Grimpe !

Nous embarquons. Le mataf retire l'ancre, lance son moteur, et le bateau, lentement, pique sur la haute mer.

— Où désirez-vous aller? questionne le Santa Nanatépénarien.

— En Floride.

Alors là, il change de physionomie.

— Mais, mais, *señor*…

— Quoi, *señor* ?

— C'est à cent cinquante milles d'ici !

— Et alors ?

— Mon bateau n'est pas grand, il n'est pas rapide, il…

— Ecoute, fiston, Bombard a traversé l'Atlantique sur un radeau pneumatique, tu vas pas comparer, non ?

— Mais je n'aurai pas assez de carburant !

L'argument me paraît valable. Je réfléchis.

— Il y a un autre port près d'ici ?

— Oui, *señor*.

— Eh bien, mets le cap dessus, nous ferons le plein.

— Le plein ne suffira pas !

— Ne t'occupe pas, obéis !

— Bien, *señor*.

*
* *

Une heure plus tard, nous accostons à Santo Royapadevo. C'est un port minuscule, au fond de la baie de Cotemoa.

Je passe la mitraillette à Béru.

— Surveille ce destructeur de sardines, Gros. Moi je vais carburer.

Je saute sur le môle nord et je fonce vers une épicerie qui vend tout ce qui est nécessaire aux pêcheurs, depuis des vers de vase jusqu'à des vases de verre, en passant par des filets de nylon et de filets de morue (pour les ceuss qui rentrent bredouilles). L'épicemarde est une ravissante brune de soixante-douze ans, entièrement recrépite à la chaux vive.

— Vous désirez ? me demande-t-elle en souriant et en espagnol.

— Deux cent cinquante litres de mélange à six pour cent, fais-je négligemment.

Son râtelier en tombe dans un sac de farine de maïs qui se trouve là opportunément. Elle le recueille, souffle dessus et lui fait regagner sa base.

— Vous ne les avez pas ? m'inquiété-je.

— Si, mais…

Je crois bon de lui fournir une explication bidon (d'essence) afin de jeter un peu d'eau sur sa curiosité brûlante.

— Mon yacht est en panne à quelques encablures et un marin obligeant a bien voulu me dépanner…

Elle opine, bien qu'à son âge ce ne soit pas raisonnable, et m'entraîne dans son entrepôt (de confiture)[1].

Il y a là des tas de barils. La vioque me dit qu'ils sont de cent litres. Je réponds qu'à cela ne tienne (en anglais) et j'en acquiers trois.

— Mon garçon va vous aider à les rouler jusqu'au môle ! me dit-elle.

Elle met ses mains en porte-voix et mugit entre ses phalanges :

— Luis !

Un grand rouquin maigre comme un dessin de Carzou, avec la bouille de Stan Laurel, s'annonce. Maman Bidon lui ordonne rudement de m'escorter et le fiston obéit. Nous roulons les barils jusqu'au port. Heureusement pour nous, le sol est aussi en pente que le gosier de Bérurier.

Arrivé à promiscuité du barlu, je crie au Mastar :

— Planque la seringue, bonhomme, voilà du monde !

Le Gravos s'arrange et, quand nous abordons, on ne voit pas plus de mitraillette que de mansuétude dans les yeux d'un gendarme en train de verbaliser contre un automobiliste qui vient de crier : « Mort aux vaches. »

— T'as pas peur que le rouquin foute le feu à l'essence ? rigole le Gros. C'est pas un homme, c't un incendie de forêt !

Notre pêcheur et le fils de l'épicière se connaissent et se mettent à échanger quelques phrases auxquelles je feins de m'intéresser, bien que je ne les comprenne guère.

Pourvu que notre pilote ne mange pas le morcif !

1. Depuis que me voilà dans la marine, je me sens mutin !

Mais le rouillé ne paraît pas ému par les paroles de mon pêcheur et je me dis que tout se passe bien.

Quelques minutes plus tard, notre barbu prend le large. Nous mettons le cap sur Key West.

— Comment t'appelles-tu ? demandé-je à mon pilote hors ligne.

— José Paldir, *señor*.

— Eh bien, José, je tiens à te préciser une chose : malgré les apparences, nous ne sommes pas des gangsters, bien au contraire. Si tu nous mènes jusqu'en Floride je te donnerai une somme qui te permettra de t'acheter un plus gros bateau et de faire peindre sur la coque le portrait d'Infidel Castré par Jean-Gabriel Domergue.

Il hoche la tête brièvement. Un drôle de garçon. Réservé comme un fauteuil d'orchestre au Gala de l'Union, un peu farouche même… Il m'obéit parce que la mitraillette est de notre côté ; mais il ne se confond pas en obséquiosités pour le même prix.

Nous voilà dans la haute mer. Un peu démontée sur les bords, la grande bleue. Béru en sait quelque chose. Il commence à verdir comme une prairie au mois d'avril. Il a les roberts qui lui jaillissent des soucoupes et de la sueur perle à son front. Avec ça que le mahomet s'est levé et commence à nous arroser sec de ses rayons. Et Son Tas-de-Graisse qui n'a pas de bitos !

Au bout d'une demi-heure, il ne pense plus à jouer les gros bras. Accroché au bastingage il s'apprête à rendre son âme à Dieu, seulement auparavant il restitue des tas d'autres trucs moins nobles et plus consistants. José Paldir en est écœuré. Je préfère, quant à moi, regarder les nuages, les mouettes, et penser à la mort de ce pauvre Louis XVI.

Une fois que le gros s'est mis à jour, il s'effondre au fond du bateau en gémissant.

— Tu te rends compte ? Si Investigation me voyait ? Elle qui me trouvait si à son goût.

— Il ne faut pas juger du dégoût et des couleurs, Gros.

Je me tais car quelque chose de bizarroïde se produit. Loin derrière nous, un point blanc bondit à la surface de l'eau. Le point grossit : c'est une embarcation. Elle fond sur nous comme un morceau de beurre dans un autoclave. Son moteur doit être vachement puissant car elle gagne du terrain d'une façon inimaginable. Je peux bientôt l'admirer à loisir. Il s'agit d'une vedette blanche dont le pontage est muni d'un projecteur et d'une mitrailleuse.

— Chouette bateau, hein ? gargouille le Vidé.

— J'ai idée que tu vas y prendre place avant longtemps, mon pote !

— Et à cause d'à cause ?

— Parce que c'est une vedette de la police lancée à nos trousses.

Je désigne José Paldir.

— Cet enfant-de-ce-que-je-me-pense a affranchi le rouquin tout à l'heure et maintenant on va jouer les « révoltés du Bounty » en couleurs et châtaignes naturelles.

Béru, oubliant son mal de mer, bondit sur le colbak du marin et lui met un coup de boule dans le pif. L'autre lâche la barre, porte la main à son nez sanguinolent, puis, à l'instant où nous nous y attendons le moins, il plonge par-dessus bord.

— Ah ! la tante ! meugle Bérurier. Tu vas voir comme j'y fais sa fête !

Et de braquer la mitraillette en direction du pêcheur transformé pour les besoins de sa cause en nageur. Je chope le canon de l'arme.

— T'es pas louf, eh, tarte au melon ! Il défend son biscuit, cet homme…

Je me colle au gouvernail et je pousse le moteur à fond. La vedette des bourres aquatiques s'est arrêtée pour repêcher José Paldir. Il s'agit de mettre à profit ce bref sursis. Seulement, je ne me fais guère d'illusion. La tentative est vaine. La vedette est trois fois plus rapide que nous et ils ont tout ce qu'il faut pour guérir les hoquets récalcitrants. Effectivement, quatre minutes ne se sont point écoulées que le bateau blanc arrive à notre hauteur. Je distingue quatre poulets en uniforme bleu et blanc.

L'un d'eux est à la mitrailleuse et la braque sur nous. Un second nous crie des trucs que je pige pas dans un porte-voix.

— Je crois que c'est ici que les Athéniens s'atteignirent ? fait Gradouble d'un ton consterné. J'en allonge un ou deux avant de bouffer mon extrait de naissance ?

— Pourquoi ? Ils font leur turbin et nous sommes dans d'assez sales draps.

Comme je viens de dire ça, le mitrailleur nous file une rafale à un mètre de nos tronches : le coup de semonce !

D'un geste vif je coupe les gaz et je lève les brandillons.

— Tu devrais en faire autant, Gros, conseillé-je, je te parie que ça leur fera plaisir.

Béru lance sa mitraillette au jus et attrape les nuages à son tour.

Ils n'ont pas l'air aimables, les collègues cuhaltiers. Si vous voyiez ces tronches, vous feriez sortir les enfants pour éviter qu'ils ne chopent des convulsions, et les dames enceintes pour éviter que leurs futurs rejetons ne ressemblent à des singes de l'Amazone.

Des bouilles basanées, avec des yeux féroces et des ratiches de carnassier façon ménagerie de Pinder. Un vrai désastre.

Ils nous enjoignent de prendre place dans leur barcasse, et ils nous aident à enjamber les bastingages à coups de savate. José Paldir réintègre son bord. Les poulets lui disent des trucs qui le font opiner, et la vedette fait demi-tour.

— Tu parles d'une croisière ratée, lamente le Gros. Le temps d'aller au refile en plein océan et on fait demi-tour.

Je conviens que l'avenir est des plus sombres, car les pépins ne font que commencer.

Sans ménagements, les flics nous passent les menottes, puis ils nous obligent à nous asseoir au fond de la vedette.

Ils ont l'air drôlement joyces, les Jean Bart cuhaltiers. On va sûrement les décorer de l'ordre de la Barbouze Angora, la plus haute distinction de Cuho et de ses environs ! Ils sifflent, les mains aux poches, nous accordant parfois un coup de late dans le dodu histoire de nous montrer leur amitié.

— Qu'est-ce qu'on va nous faire, à ton avis ? murmure le Gravos, au bout d'un moment de concentration qui lui porte le cervelet à l'incandescence.

— De la contravention pour port d'arme au peloton d'exécution, le choix est vaste, fais-je.

Béru rit.

— Comme tu y vas !

— J'y vais en bateau, à pied, à cheval et en voiture, mais j'y vais, dis-je lugubrement. Et toi aussi, ô mon Sancho Pança !

CHAPITRE VIII

Nous accostons au môle de Santa Bassavapa, qui est situé à l'extrémité du port de Le Corona. Je ne sais pas comment les poulets se sont arrangés, toujours est-il qu'une bagnole nous y attend. Le mec qui est au volant me rappelle quelque chose, et la voiture idem car il ne s'agit pas d'un fourgon cellulaire. Soudain ça s'éclaire comme le visage d'un agent de police qui vient de comprendre la blague la plus accessible du Vermot après quarante-huit jours d'efforts. C'est la chignole de Paulo Chon et le gars qui la pilote n'est autre que le pandore qui escortait le chef de la police secrète dans le courant de la *noche*. Sans le moindre égard pour nos chaleureuses personnes, on nous fait entrer dans la Chrysler à grand renfort de bottes. Deux matuches de la vedette, qui sont amphibies, abandonnent l'élément liquide et montent avec nous. Ça démarre.

— Chauffeur ! A mon clube, fait l'Incorrigible.

Sa saillie n'est pas goûtée. Primo parce que ces tordus ne causent pas le français béruréen, deuxio parce que, selon leur piètre conception de la vie, les prisonniers n'ont pas droit à la parole.

Je m'attends à être conduit à l'hôtel de police où je me suis baguenaudé la veille, mais point n'est.

Au contraire, le carrosse se désintéresse de la ville et fonce le long du littoral. Nous suivons une route en corniche. Le panorama est féerique : on se croirait à bord d'un calendrier des Postes de haut luxe avec bordure dorée, plan du métro, liste des communes, barèmes des taxes, cellule incorporée, débrayage semi-automatique et vue sur la mer.

Des rochers rouges, la mer verte, le soleil de la couleur que vous savez, le sable chaud, le légionnaire ; il ferait bon vivre en liberté dans tout ça, de préférence au bras d'une souris carrossée par Chapron, mais pas chaperonnée par ses parents !

— Nous nous emmène en véquande, remarque le Gros.

— Qui sait ?

Nous parcourons une douzaine de kilomètres d'environ mille mètres chacun, et nous obliquons comme la lune dans une chemin étroit, bordé d'aubépine de cheval en fleur.

Deux cents mètres, d'une centaine de centimètres chacun, et c'est l'entrée majestueuse comme un roi mage d'une propriété comme vous n'en avez jamais vue, et comme je n'en aurais jamais vue non plus si je n'avais pas eu l'idée saugrenue d'écrire ce livre !

Elle est blanche comme la cornette d'alarme d'une sœur dont le frère travaillerait chez Persil. De style espagnol, avec un patio carrelé de mosaïque verte (et en avant la mosaïque) au mitan duquel glougloute un jet d'eau.

Dans la vasque qui reçoit cette onde, deux sirènes s'ébattent, en bikini. L'une – est blonde avec une poitrine comme des pare-chocs de Chambord, l'autre brune avec un abonnement à *Modes et Travaux*.

Et nous voyant rappliquer, flanqués de notre escorte, ces demoiselles se ruent sur des peignoirs en gloussant. Leurs pieds mignons clapotent sur le dallage.

Je file mon regard genre Ivanhoé vainqueur à la blonde qui possède des jambes comme j'aime, une bouche comme j'aime pour les coups de téléphone intimes, des hanches comme j'adore et un regard qui provoquerait la chute d'un régime de bananes.

La gosse réagit à mon œillade. Vous pouvez me jouer placé, mes amis. Si j'avais la liberté de mes mouvements, j'annexerais son cœur et ses dominions en moins de temps qu'il n'en faut à un maquignon pour faire un effet bœuf. Seulement, dans la conjoncture présente, comme on dit dans les discours de Qui-vous-savez, vouloir faire du gringue à cette beauté serait aussi stupide que de vouloir mettre à l'encaissement le chèque d'un producteur de cinéma qui vient de terminer un film.

Notre escorte traverse le patio et se présente à l'entrée d'un immense living dont les larges baies garnies de stores californiens donnent sur la mer. Une fraîcheur miraculeuse règne céans où un homme sur son séant admire l'océan[1]. Cet homme n'est autre que Paulo Chon, le *boss* redouté de la poule secrète. Il porte ce matin un chouette complet de toile blanche, des chaussettes blanches, des souliers blancs et, suprême coquetterie, une cravate noire. Il se balance dans un rocking-chair à bascule, entièrement monté sur pléonasme caoutchouté, et fume un cigare tellement long que je suis fort surpris de ne pas voir reposer son autre extrémité sur un trépied.

Il nous regarde venir sans ciller. Il a une tronche de lézard, au fond, ce mec. C'est un animal à sang

1. Je publierais ça dans une revue littéraire, Sartre écrirait un bouquin sur moi !

froid, ce qui surprend dans un pays où la plupart des hommes s'appellent Sancho.

Ce n'est pas la première fois qu'il accueille des visiteurs enchaînés et il est outillé pour ce genre de réception. En effet, son sbire fait coulisser un tableau et je découvre un gros anneau de fer scellé dans l'épaisseur du mur. Un câble terminé par un mousqueton est passé dans l'anneau. Le gars s'en saisit, nous fait tendre nos poignets entravés, les lie au moyen du câble et, grâce au mousqueton, fixe l'autre bout de celui-ci à l'anneau.

Nous voici donc accrochés au mur comme des moutons sur le champ de foire.

C'est pas tellement honorifique comme position. Le Gros me tend un regard plus abattu qu'une forêt à l'emplacement de laquelle on va aménager un aéroport.

— Tu le répéteras pas à Berthe, murmure-t-il. Ça en filerait un coup à mon prestige.

Je n'ai pas le temps de le rassurer. Paulo Chon vient de quitter son fauteuil à bascule et s'approche de nous, les mains aux poches, le regard aussi acéré qu'une lame de rasoir.

— Eh bien, messieurs, ricane-t-il, votre petite expédition est terminée ?

— On fait escale, ricane le Gros.

Paulo Chon ne répond rien. Il fait quelques pas en direction d'une table basse et y prend quelque chose que je ne distingue pas à première vue, mais qui, à deuxième vue, s'avère être une cravache.

Il la fait siffler à deux ou trois reprises, puis, satisfait, s'en tapote le creux de la main. Sa bouche est déformée par un étrange rictus (comme dirait Jehan). Y a pas besoin d'être champion du monde de trépanation pour s'apercevoir que ce zigoto est un sadique.

Il devait arracher les ailes des mouches quand il était petit, écarteler les grenouilles, casser l'échine des chiens et tirer les cheveux aux petites filles.

— Vous êtes des espions à la solde de la France ! déclare-t-il, comme un qui déballerait ses titres de noblesse ou ses grades universitaires.

Un petit je-ne-sais-quoi de pas marrant me titille le baigneur. Je m'attendais à tout, atout, à toux, sauf à cette accusation. Si nous sommes convaincus d'espionnage, ça risque de très mal se passer pour nos abattis.

— C'est bien la première fois qu'on me déballe une couennerie pareille, rigole le Gros.

Un coup de cravache d'une sauvagerie inouïe lui zèbre la hure. Il a la figure traversée par une barre violette où perlent des gouttes de sang, le pauvre trésor. La lèvre supérieure a éclaté et un filet de raisin dégouline sur ses valeureux mentons.

— Dites donc, rouscaille l'Enflure, c'est un geste qui pourrait vous coûter vot' situation, mon cher !

Régence, dans les cas sérieux, Sa Rondeur.

— Pas possible ! ironise Paulo Chon en administrant un second coup de cravache au Gros.

Puis, brusquement, il se met à glapir dans son français un peu zézayant :

— Vous allez répondre à mes questions, sinon je vous fais éventrer sur-le-champ.

— Ça salirait vos tapis, fais-je froidement. C'est pas que nous n'ayons pas des tripes de première qualité, mais vous savez ce que c'est ?

J'ai droit à mon tour à une caresse de cuir. J'ai beau rejeter ma tête en arrière, je morfle un coup de cravache sur la tempe et je me demande si mon oreille droite n'est pas en train de se désolidariser de ma physionomie avenante.

— Vous allez me révéler l'objet exact de votre mission à Cuho, siffle le cravacheur diplômé.

Le chef des services secrets liquide des complexes de jockey. Il a la badine trop facile.

— Nous ne parlerons qu'en présence de nos avocats, tranché-je.

Ce disant, je le regarde très hardiment dans les lampions. Il sourit. Je m'attends à un autre coup de ronfionfion sur la calebasse, mais au contraire il glisse la cravache sous son bras et se met les mains au dos.

— Des avocats ! plaisante-t-il. Mais vous vous croyez au Carnaval à Rio, ma parole ! Vous savez chez qui vous êtes, j'espère ? Je suis le chef de la police secrète, alors les procès et autres mascarades sont réservés à mon collègue de la police officielle. Je suis comme vous, monsieur le commissaire San-Antonio, *alias* Jean Népaller : je travaille dans l'ombre.

— Dans ce pays, vous avez bien du mérite, dis-je.

Mais ma tranquillité ne l'impressionne pas. Il aboie :

— Pepito !

Un monsieur fait son entrée de théâtre. Faut voir le sujet ! A côté de lui, Béru ressemble à une jeune fille anémiée. L'individu répondant à ce doux prénom mesure dans les deux mètres et il est baraqué comme la cathédrale de Chartres, en moins fluet. Mais ce qu'il y a de plus bouleversant chez cette montagne de bidoche, c'est sa tête. Il a le crâne rasé au quadruple zéro et brillant comme une boule de cuivre. Ses lèvres sont épaisses comme des traversins. Une moustache plus épaisse qu'une brosse à habits les surplombe et son nez, de ce fait, fait penser à un porc vautré sur une botte de foin. L'arrivant est très élégamment vêtu d'un pantalon de judoka. Il est torse nu. Les forêts amazoniennes ne sont pas plus inextricables que la toison couvrant sa poitrine. Si on le tondait, on aurait de quoi regarnir tous les matelas de l'Hôtel-Dieu.

Chon lui dit quelque chose et l'autre s'incline.

— J'ai déjà vu ce veau dans un film d'épouvante, affirme Béru. Mais je me rappelle plus si que c'était dans *Quicécekula* ou dans *Franck Einstein*...

Mais Pepito est déjà de retour. Il tient une petite trousse de cuir à la main. Il l'ouvre et y puise un scalpel. La lame de l'outil scintille comme un poisson qu'on retire de l'onde.

— Je tiens toujours mes promesses, assure Paulo Chon. Si vous ne parlez pas, messieurs, vous allez être vidé comme des lapins.

Un silence aussi lourd que les plaisanteries d'un garde champêtre s'établit. Je me dis que cette fois c'est râpé. Nous avons autant de chances de nous en tirer que le type qui prétendait décercler un tonneau de poudre avec une lampe à souder. Je regarde Béru, Béru me regarde.

C'est lui que le gorille choisit. Peut-être parce que la brioche du Gros est plus tentante que la mienne. Elle l'inspire, ça se sent, comme un coucher de soleil sur les champs d'épandage inspire un peintre scatologique.

Le voilà qui s'approche et qui, d'un geste expérimenté, défait le grimpant de l'inspecteur principal Béru.

— Non, mais tu vas voir qu'il va me tutoyer d'ici pas longtemps, rage le Gros.

Il veut lancer sa jambe dans le portrait du tortionnaire. Sa chaussette atteint l'homme à l'épaule. Il n'est pas incommodé ni par le choc ni par l'odeur. Le pet d'un hanneton sur la peau d'un éléphant produirait le même effet.

Pepito se contente de riposter par un coup de

semelle dans les tibias. La douleur anesthésie mon pauvre cher camarade qui devient aussi verdâtre qu'un tapis de billard.

Sa bedaine dénudée frissonne d'appréhension. Paulo Chon se pourlèche. Pepito se penche avec son outil.

Je me sens moite. Nous sommes entre les pattes d'un tigre impitoyable. Nous ne pouvons rien tenter, rien espérer. C'est la débâcle, la faillite, le naufrage, la calamité, la Callas mitée, la cale à miter, lac à l'ami Té, la K-a mie-thé, et Jean Passe.

Le scalpel est maintenant pointé sur l'alambic de Bérurier.

— Qui c'est qui m'aurait prédit qu'on me ferait une césarienne, soupire-t-il.

Pepito regarde son patron.

— Une dernière fois, allez-vous parler ? demande calmement Paulo Chon.

A quoi bon s'obstiner et se laisser étriper ! Pour la gloire ? Après tout nous n'avons pas à révéler un secret d'Etat et Chon connaît l'essentiel de notre mission.

— O.K., je vais parler, dis-je.

Béru me file un regard teinté de reproche et de reconnaissance.

— C'est pas la peine de chahuter ta conscience, gars, murmure-t-il. Je veux pas dire que je trouve plaisant de me faire déverrouiller l'armoire, mais je suis capable de la boucler, tu sais.

— Te casse pas le chou, pépère.

Pepito, obéissant à regret, comme un molosse lâchant le pantalon du facteur, recule et va s'accroupir à promiscuité.

— Je vous écoute, grince Paulo Chon.

Alors, en termes concis et même circoncis, je lui

narre notre odyssée. Je ne passe rien. Je joue brèmes sur table. Qu'est-ce qu'on risque ? Casimodus est clamsé et j'ignore l'identité de notre informateur.

Mais c'est sur ce chapitre que Chon m'accroche :

— Qui a prévenu vos services de mes entrevues avec les personnes en question ?

— Je l'ignore.

— Eh bien, nous allons essayer de vous rafraîchir la mémoire.

— Vous me poseriez le pôle Nord sur la tête que ça ne me la rafraîchirait pas. J'ai fait une enquête justement pour essayer de découvrir le mystérieux informateur. Il vous sera facile de contrôler : j'ai interrogé à ce propos le personnel du *Dubonn e Sinzano*.

Il se gratte la nuque. Un gentil boulot s'opère dans sa tronche. Ce salingue n'a pas du hachis Parmentier à la place du cerveau. Soudain, sa figure chafouine s'éclaire.

— Il y a peut-être un moyen de démasquer ce traître, annonce-t-il.

— Je serais curieux de le connaître.

— Vous allez câbler à votre chef pour le lui demander, tout simplement.

— J'y avais songé, figurez-vous.

— Alors ?

— Si mon chef ne m'a pas révélé l'identité de son correspondant c'est qu'il tient à la garder secrète. On voit que vous ne connaissez pas mon patron : il ne la confiera à personne…

— Essayons toujours…

Il va à son petit secrétaire en acajou incrusté d'argent, l'ouvre et y prend de quoi écrire. Il se met alors à rédiger le message et nous fait la grâce de nous le lire :

Casimodus décédé stop. Dois absolument contacter

qui vous savez stop. Prière me donner les moyens de le rencontrer stop. Très urgent stop.

Il mordille son stylo.

— De quel nom me conseillez-vous de signer ? demande-t-il.

— Lustucru Ozeufrais, répond Béru, ce qui lui vaut de réceptionner un coup de pied dans le bigoudi à double carburateur.

Chon répète sa question.

— Je signe de votre nom ou de votre pseudonyme ?

Et comme je ne réponds pas.

— Dites-vous bien, mon cher… collègue, que ce sont vos deux existences qui se jouent en ce moment. Si j'obtiens le nom du traître, vous serez reconduit à l'aéroport. Sinon on trouvera bien un coin de terre quelque part pour recevoir vos carcasses !

— Signez San-A., décidé-je.

Dans ma petite bouille de moineau déprimé se fait le raisonnement suivant. Le Vieux, qui n'est pas tombé de la dernière ondée, sait – et pour cause ! – que je suis ici sous un faux blaze et qu'il faut montrer ses fafs lorsqu'on veut câbler à l'étranger. Il se dira que ce message signé incomplètement de mon vrai nom cache un piège.

— Merci, fait Chon. Maintenant le nom et l'adresse de votre supérieur ?

Je lui file les renseignements avec plaisir. J'ai hâte que le Dabuche soit prévenu.

Chon mande un de ses sbires et lui remet le papier.

— Voilà, fait-il lorsque l'homme est parti. Ce câble va être expédié en urgent et d'ici quelques heures il sera parvenu à son destinataire. Je souhaite pour vous que la réponse ne tarde pas et qu'elle soit bonne.

A peine a-t-il déclaré cela qu'il fait claquer ses doigts et se met à hurler par la baie.

Le messager qui était déjà dans sa chignole réapparaît. Chon lui redemande le message.

— Nous allions faire une bêtise, me dit-il en souriant. Vous devez signer du nom porté sur votre passeport puisque les pièces d'identité sont réclamées au service des télégrammes pour l'étranger.

Je ravale ma déconvenue.

Il est duraille à blouser, ce fils de putois. Maintenant, tout est fichu. Je viens de condamner un type à mort, car il y a de fortes chances pour que le Vieux réponde à ma requête et m'allonge le blaze de son fameux correspondant.

Béru, qui réalise brusquement ma ruse, m'adresse une grimace d'hépatique posant pour une publicité pharmaceutique.

— Tu l'as *in the* baba, me dit-il dans un anglais des plus corrects.

— S'il n'y avait que moi !

Chon se marre comme un petit fou. Puis il donne des instructions à son bourreau. Ici, comme en France, tout finit par des Samson. Pepito vient nous chercher. Il dégage la chaîne de l'anneau, mais sans l'ôter de nos menottes, et il nous entraîne à l'extérieur comme on emmène un couple de bœufs à l'étable.

CHAPITRE IX

Je voudrais bien pouvoir faire tourner l'étable, seulement pour cela ce n'est pas du fluide qu'il me faudrait, mais un troupeau de bulldozers dans la force de l'âge.

Drôle d'étable à la vérité !

Imaginez un blockhaus de ciment aux murs larges comme l'esplanade des Invalides. Un couloir étroit y mène, une porte en fer plus épaisse que celle d'un coffre de la Banque d'Angleterre et zébrée de verrous gros comme ma cuisse.

Pepito nous fait pénétrer dans une cellule grande comme deux cabines de bain. Au ras du mur il y a un autre anneau de fer auquel il nous agrafe comme précédemment. Ce cachot ne prend le jour et l'air que par une fente large de quinze centimètres et haute de dix percée dans la formidable muraille, et dirigée vers la mer. On n'a donc, pour tout horizon, qu'un rectangle de bleu de cent cinquante centimètres carrés.

Le King-Kong cuhaltier nous laisse, sans proférer une syllabe et repart. Il lui faut cinq minutes au moins pour tirer les verrous. Ceux-ci grincent comme le diamant d'un vitrier qui écrirait son nom sur la vitre d'un grand magasin et qui s'appellerait Népomucène Anticonstitutionnellement.

Son pas décroît.

Nous restons seuls dans la presque totale obscurité.

— Tu veux que je te dise ? murmure Sa Rondeur. Hein, tu veux que je te dise, San-A. ?

— Ça n'est peut-être pas la peine, soupiré-je. J'ai déjà des charançons dans la matière grise !

— Je vais te le dire quand même, San-A. Figure-toi que quand c'est qu'on s'est marida, Berthe et moi, un oncle à elle voulait nous céder en villégiature son magasin d'articles de pêche.

— Tu veux peut-être dire en viager, Gros ?

— Xactement. A Lyon qu'il était, ce magasin. Tu te rends compte ? Une ville où ce qu'y a deux fleuves, si la vente de l'asticot ça doit carburer !

— Je le conçois, Gros.

— Et en plus t'as le beaujolais fruité !

— Aussi, Gros, je l'admets.

— A Paris, on croit boire du beaujolais, mais mes choses, oui ! Le vrai de vrai, c'est les Lyonnais qui se le biberonnent à notre santé.

— Laisse-les faire, notre santé en a grand besoin.

Il se tait un moment, puis :

— Ce que je voulais te dire, San-A., c'est qu'en ce moment où je te cause, je me demande si que j'aurais pas mieux fait d'accepter. D'autant que l'oncle que je te parle est clamsé l'année après notre mariage. C'est la vie, non ?

— Oui, Gros, c'est la vie.

Le Gravos me fait alors cette sublime remarque :

— T'as pas l'air en train, gars ?

— Erreur, Béru. Je suis en train. En train de me dire que je ne pensais pas m'allonger un jour comme le premier malfrat de faubourg. A cause de moi, un homme va se faire liquider. C'est le genre d'idée…

qu'on n'arrive pas à digérer même avec des sels d'Eno.

*
* *

Des heures passent. Nous les employons à roupiller car nous avons eu une nuit aussi blanche (de Castille) que mouvementée.

J'ignore combien de temps nous en écrasons ainsi. Arrivé au terme de notre pioncette, la voix béruréenne articule dans l'ombre épaisse du cachot :

— J'ai faim.

La nuit est tombée. Maintenant, le rectangle percé dans la muraille est d'un noir bleuté et une étoile y scintille. J'ai les bras engourdis, because les menottes. Cette chaîne qui nous rive au mur ne nous permet pas un grand choix de mouvements.

Béru répète, sombrement :

— J'ai une de ces fringales, que je boufferais des cailloux pour peu qu'ils soyent passés z'au beurre.

— Quelle heure peut-il être ? m'enquis-je.

— M'en fous de l'heure, ronchonne le Gros, ça se mange pas !

Je sens que ses préoccupations gastronomiques rendent mon compagnon indisponible sur le plan de la conversation purement intellectuelle. Quand Béru a l'estomac vide, inutile de lui lire les pages choisies de Chateaubriand, il ne risque pas de les trouver aux pommes.

Les verrous font soudain entendre leur chansonnette plaintive. La porte d'acier s'écarte et la lumière d'une grosse lampe de camping nous fait ciller. Pepito s'avance sur nous, monstrueuse masse de bidoche puant le fauve. Il est suivi de Chon.

Ce dernier est en robe de chambre mauve à parements jaunes. On dirait un boxeur poids plume.

Il tient un rectangle de papier à la poigne.

— Je viens de recevoir la réponse de votre chef, annonce-t-il.

Nous ne soufflons mot. Chon brandit le papier sous mes yeux. Je lis :

« La personne en question est Paulo Chon et son adresse ne doit pas vous être inconnue. »

J'éclate alors d'un rire démentiel. *In petto*, comme disent les latinistes et les pétomanes, je tire un grand coup de galure au Vieux. Il n'a pas mordu à l'hameçon et s'est gaffé que ça ne tournait pas rond. Non seulement il n'a pas refilé le renseignement sollicité, mais, de plus, il a trouvé le moyen de se gausser de Paulo Chon.

— Vous êtes deux chacals puants ! hurle soudain Chon.

— On dit : un chacal, des chacaux, rectifie Béru, toujours prêt à voler au secours de la langue française lorsqu'il l'estime en danger. Apprenez à jaspiner français avant d'injurier le monde.

Cette rectification met le comble à la fureur du chef de la police secrète.

— Très bien, grince-t-il, vous l'aurez voulu. Vous serez exécutés cette nuit.

— Ça ne presse pas, fait le Gros, on voudrait pas vous occasionner du dérangement.

Chon se met à discuter avec Pepito. Ils blablatent tous les deux un bout de moment. Le mot *muerte* revient souvent. A la fin, il se tourne vers nous.

— Nous essayons de déterminer un mode d'exécution original, explique-t-il. Pepito propose de vous enterrer vivants ; moi, je suis partisan de vous arroser d'essence et de vous faire griller…

— Les deux sont valables, admets-je. Cependant, si vous voulez me permettre une opinion : le feu est plus spectaculaire, surtout de nuit.

Mais Chon ne m'écoute même pas. Sa figure mesquine rayonne soudain. Il se met à rire et dit quelque chose à Pepito qui éclate d'un rire si tonitruant qu'il fend mon verre de montre.

— Ils ont dû trouver quelque chose d'au poil ! déduit Béru.

— Vous ne croyez pas si bien dire, assure Paulo Chon. Seulement je préfère vous en laisser la surprise.

Là-dessus, il repart avec son pote et nous retombons dans le noir pesant du cachot. L'imminence grise de la mort m'accable, mais cette perspective (plongeante) est adoucie par la certitude que je n'ai pas provoqué la mort de l'agent secret du Vieux.

— Ils vont nous faire des délicatesses, hein ? soupire le Gros.

— C'est probable. Nous sommes tombés sur un sadique, Gros, et le sadique a de l'initiative.

— Tu l'as déjà fait ? objecte Béru.

Un silence suit.

— Ils préparent la fiesta, hein ? reprend-il au bout d'un bout de moment.

— Je suppose.

— Tu vois, fait-il, dans notre job, on devrait toujours avoir une ampoule de *stricte mine* sur nous, comme Goéringe. Dans les cas désespérés, tu te la croques et en deux secondes on te débloque une paire d'ailes pour aller chez saint Pierre.

— D'ac, dis-je. Seulement, au cours de notre fichue carrière on s'est offert déjà tellement de cas désespérés que nous serions cannés déjà depuis belle lurette.

— Tu vas pas me dire que t'a encore de l'espoir? bée B.B.

— Ce serait exagérer ma pensée. Mais tant qu'il y a de la vie…

— Tu vois, si je pouvais passer la frime du Paulo Chon au moulin à légumes, je crois que je lâcherais la rampe avec moins de regrets.

— Moi aussi, bien sûr.

Nous en sommes là de nos conciliabules lorsqu'il se produit un truc pas ordinaire : un léger faisceau lumineux pénètre dans le cachot sans que la porte d'icelui ait été ouverte. Ce rai de lumière provient de l'étroit soupirail. Je distingue, au fond de la meurtrière, l'œil rond d'une lampe électrique. Puis quelque chose de léger et de métallique est lancé dans notre cellule. Le quelque chose ricoche contre le mur. Je ne sais ni ce dont il s'agit ni où est passé l'objet. Le bienveillant pinceau lumineux, comme devinant mon embarras, se promène sur le sol de la cellule et je finis par découvrir une petite clé chromée. En allongeant au maximum mes deux bras enchaînés j'arrive à m'en emparer. Aussitôt, et comme par enchantement, le faisceau s'engloutit.

Quel mystère mystérieux, hein, les potes ?

— Quoi t'était-ce? demande Bérurier, interloqué comme un marchand d'interlock interlope mal loqué[1].

— Une clé.

— Celle de la lourde ?

— Non. D'abord elle est minuscule, ensuite je te fais humblement remarquer que la porte ferme de l'extérieur au moyen de verrous dont les gémissements font penser à une clinique d'accouchement en pleine activité.

1. Il n'y a vraiment que moi pour écrire des trucs comme ça !

— Alors à quoi qu'a sert ?

— A ouvrir nos menottes, je pense.

— Et qui c'est qui nous l'envoie ?

— Difficile à dire, l'expéditeur n'avait pas joint sa carte de visite à son cadeau.

— Bizarre, non ?

— Oui, bizarre.

— Ce serait pas une ruse ?

— Une ruse ?

— Suppose que le Paulo Chon ait mijoté de nous abattre au cours d'une tentative d'évasion, pour se couvrir.

— Ridicule, Gros. Primo, il n'a pas à se couvrir ; deuxio, il peut très bien nous faire enlever nos poucettes par son esclave ; troisio, il peut nous abattre en toute tranquillité et nous enlever ensuite les menottes…

— Juste, fait Béru. Eh bien ! on va toujours se défaire des cabriolets !

Je libère mon joyeux compère et, lorsqu'il a les mains libres, il me rend le même service. Je dégage alors la chaîne de l'anneau, puis, d'un geste large, j'expédie la clé à l'extérieur.

— Qu'est-ce tu maquilles ? s'étonne la Tonne.

— Je rejette la clé. Si Paulo Chon la trouvait dans notre cellote il se demanderait qui nous l'a remise et ça ferait du vilain pour le généreux donateur.

— T'as pas l'idée de qui ça peut z'être ?

— Non, mais j'ai idée de qui nous l'envoie.

— Le Vioque ?

— Probable. Le message lui a paru suspect. Il a eu la puce à l'oreille…

— Moi, je l'ai ailleurs, fulmine le Mastar en grattant la partie inférieure de son dirigeable. Je continue :

— Il a dû téléphoner à son agent d'ici ; lequel a mené une rapide enquête et a découvert l'horreur de notre situation…

— Je crois pas, murmure le Gros.

— Pourquoi ?

— Parce que l'agent que tu causes ne pouvait pas savoir qu'on avait des menottes !

La remarque me laisse baba. Il a raison, l'Enflé. Ça coule de source, comme dit François Per(r)ier.

— Conclusion, renchérit le Chéri, c'est quelqu'un de la taule.

— Peut-être.

— Si que l'agent secret cherchait à nous dépanner, il nous balancerait pas que les clés, mais aussi de quoi s'expliquer. Moi je te parie la moitié de mon râtelier que c'est la fille blonde qu'on a vue dans le petitot en arrivant. Elle a eu des vapeurs pour tézigue, c'était fringant !

— Flagrant !

— Je te chicanerai pas, mec ; flagrant, si tu veux…

— Je crois que voilà du monde, chuchoté-je.

M. Gras-du-Bide prête l'oreille. Effectivement, des pas résonnent dans le couloir d'accès. Je plie la chaîne en deux et j'assure ses extrémités réunies dans ma main. Elle va constituer une matraque très valable.

— Je ne sais pas combien ils sont, annoncé-je au Gros, mais même s'il y a de quoi constituer une équipe de rygby on fonce dans le tas, c'est notre dernière chance.

— Gi !

— En attendant, colle-toi contre le mur car je vais décrire des moulinets.

La porte s'ouvre. C'est Pepito escorté d'un autre sbire qui n'est autre que le chauffeur de Paulo Chon. Ils ont une lampe à la main. Ils entrent. D'un coup de pied bien ajusté, j'envoie balader la lampe à l'autre bout de la cellule. Je fais tournoyer la chaîne et je la propulse dans les gencives du mastodonte. Cri du monsieur qui morfle ce paquet de ferraille en pleines mandibules et qui titube. L'autre qui le suivait n'insiste pas et se sauve en hurlant. Je frappe encore Pepito. Ce colosse est aussi solide que la colonne Vendôme.

J'aurais meilleur compte à frapper une locomotive. D'un revers de main il saisit la chaîne et me hale à lui. Heureusement, Sa Seigneurie passe dans le dos du monstre et le châtaigne à tout-va. Pepito essaie de faire volte-face. Je me dis qu'à nous deux c'est bien le diable si on ne lui refile pas son billet pour un circuit touristique dans les plates-bandes. Quelle chicorne, mes aïeux ! Le combat ne manque pas de grandeur. On dirait un sanglier forcé par deux bassets. Béru le mailloche dans le dossart, et Bibi lui bouscule le tiroir à bijoux à coups de genou. Comprenant que nous ne l'aurons jamais par cette méthode, je me jette à genoux devant lui. Les rayons indirects de la lampe éclairent mal la scène. Pourtant Béru réalise mon astuce. Il cesse de tabasser pour filer un coup d'épaule au gros sac. Déséquilibré, Pepito bute sur moi et s'affale. Son Excellence ne perd pas de temps. Il me saute à pieds joints et atterrit sur la nuque du gorille. Ça craque. L'autre éternue un bon coup, puis cesse de gigoter.

Ivre d'une valeureuse fureur, le Gravos s'acharne sur le chêne abattu. Heureusement pour King-Kong qu'il est toujours en chaussettes, sinon il aurait déjà la coquille éclatée.

Il gît dans le caveau de famille comme une baleine échouée sur le rivage.

— Laisse tomber, dis-je au Gros, on n'a pas le temps de se payer du cinéma.

On les met, coudes au corps, le dos dans la position de l'œuf chère aux skieurs de l'équipe de France.

A une allure supersonique on remonte la pente de ciment. Nous voilà à l'air libre. Hélas ! hélas ! hélas ! comme dirait Tisot, nous émergeons trop tard. Ils sont déjà quatre, au bout du couloir, qui nous attendent. Deux ont une mitraillette, deux autres des Euréka à changement de vitesse. Et, comble de bonheur, ce salaud de Paulo Chon radine en brandissant aussi une pétoire de starter.

Nous devrions foncer ; essayer l'impossible, les bousculer. Finir d'une giclée de balles est encore préférable à la mort qui nous attend. Mais l'humain est ainsi fait qu'il réagit toujours de la même manière dans certaines circonstances.

Devant tous ces canons braqués sur nos personnes, nous levons les mains en soupirant.

CHAPITRE X

Paulo Chon ne dit rien mais, d'un pas pressé, il gagne la cellule que nous venons de déserter. Il y reste très peu de temps. Lorsqu'il réapparaît, sa physionomie exprime le courroux et une certaine admiration.

— Vous avez mis mon boy dans un piteux état, apprécie-t-il.

Il n'a pas du tout la voix d'un monsieur fâché. Il constate.

— Et comment vous y êtes-vous pris pour enlever vos menottes ?

— Je les ai passées si souvent et à tant de gens que ces mécaniques n'ont plus de secret pour moi.

Chon hausse les épaules.

— Après tout, peu importe.

Il dit quelque chose à ses arquebusiers et ceux-ci nous entraînent vers le fond de la propriété. Le clair de lune est imprenable. Pas un nuage au ciel. On y voit comme en plein jour.

Nous arrivons au bout d'une allée semée de gravier et nous débouchons sur une petite esplanade au milieu de laquelle se dresse un enclos en gros grillage. Ce grillage ceinture un bassin rectangulaire, illuminé par d'énormes projos semblables à ceux qui éclairent le Parc des Princes pendant une « nocturne ».

— C'est pour un concours de crawl ? je demande.

— En effet, mais un concours d'un genre très particulier, vous l'allez voir.

Un mec de l'escorte ouvre une porte ménagée dans le grillage à grosses mailles. On nous fait entrer dans l'enclos qui a un aspect vraiment lugubre dans la lumière crue des projecteurs.

Va-t-on nous noyer ? Ça me paraît un peu simple. Je remarque alors un léger bouillonnement à l'intérieur du bassin. Parfois la surface de l'eau se raie d'une frange d'écume.

— Cette pièce d'eau contient trois magnifiques crocodiles, murmure Paulo Chon, en articulant bien ses mots.

Sa voix s'est faite doucereuse. Il biche comme un pou, ce triste *sir*.

Il poursuit :

— Vous ne pouvez pas savoir l'appétit de ces animaux. Grâce à vous, et surtout à votre compagnon (petit rire pour marquer l'embonpoint de Son Enflure) nous n'aurons pas besoin de les ravitailler pendant vingt-quatre heures.

Béru fait une triste bouille et, je l'admets volontiers, la mienne ne lui cède en rien. Cette fin est plus sinistre que tout ce que je pouvais redouter. Je sais bien que nous devons faire preuve d'humilité dans la vie, surtout en ce qui concerne notre personne physique, mais finir comme hamburger dans l'estom' d'un saurien, ça fait vraiment triste, non ?

Paulo Chon s'approche du bord du bassin et le frappe du plat de la main. Aussitôt, une tête sombre jaillit de l'eau. Deux yeux phosphorescents se mettent à flotter sur l'onde noirâtre. L'animal ouvre le bec et on aperçoit dans son armoire à chicots assez de ratiches pour repaver les quarante dentiers de l'Académie française.

— On va avoir de curieuses funérailles, soupire le Gros.

— Belle bête, n'est-ce pas ? demande Chon.

Ça le fait ricaner.

— Messieurs, dit-il, il ne me reste plus qu'à vous saluer une dernière fois.

Je me dis qu'il serait peut-être temps pour nous d'assurer notre avenir. Oui, mes aminches, il convient de tenter quelque chose, n'importe quoi, même de déraisonnable. Seulement nous avons des mitraillettes et des pistolets dans le dossart, prêts à distribuer leur camelote. Un geste, et ces comiques troupiers transformeraient le commissaire San-Antonio et l'inspecteur principal Bérurier en bordure de timbres. Ces sales zoiseaux ne demandent qu'à faire de la dentelle avec nos carcasses. Le point de croix, vous parlez si ça les connaît ! Je jette un regard d'effroi dans le bassin bouillonnant. La plus horrible des morts ! Décidément, tout est préférable à cette lutte impuissante avec des reptiles de cauchemar.

— Cher Chon, dis-je, il est d'usage qu'un homme qui va mourir adresse une requête à ses bourreaux. Cette coutume est-elle en vigueur dans ce pays béni de Cuho ?

— Cela dépend, dit Paulo.

— Avant de disparaître, j'aimerais que vous assouvissiez ma curiosité dévorante.

— C'est-à-dire ?

— Que vous me révéliez la raison de vos entrevues secrètes avec ces gens de Pointe-à-Pitre.

Il sourit et s'approche de moi.

— S'il n'y a que cela pour vous satisfaire, je veux

bien vous accorder cette ultime satisfaction… Il se penche à mon oreille et chuchote :

— A la Guadeloupe, dans le Petit-Cul-de-Sac-Marin, les Américains ont aménagé, avec l'accord et le concours de la France, une base de ravitaillement pour sous-marins atomiques.

— Je l'ignorais.

— Pas moi, heureusement.

Il sourit.

— Cette base sera détruite avant trois jours.

— Oh, parfaitement ! dis-je en lui faisant une clé japonaise si rapide qu'il se trouve plaqué contre ma poitrine avant d'avoir fini de sourire.

Un numéro pareil, faut le voir pour le croire, mes chéries ! Et surtout, il faut être San-Antonio pour l'exécuter sans filet, comme dirait un rabbin de mes amis. Paulo Chon n'a même pas la réaction de se défendre. Et les autres n'osent pas flinguer car, en l'agrippant, j'ai décrit un arc de cercle et c'est sa poitrine de radiateur de chauffage central qui est exposée aux canons des mitraillettes.

— Dites à vos éclaireurs de jeter leurs armes, sinon je vous balance aux crocodiles en guise d'amuse-gueule. Il y en un qui est déguisé en alligator avec des dents de caïman et qui ne ferait qu'une bouchée de votre ridicule carcasse. Je doute qu'il vous reconnaisse. Vous aurez beau l'appeler « minet » il vous croquera sans assaisonnement. La Voix de son Maître, y a que chez Pathé-Marconi que ça existe !

Les archers s'évertuent à hurler. Ils m'enjoignent de fâcher leur boss. Un instant je redoute qu'ils ne dessoudent le gars Béru pour se faire la détente, mais ils ont des cerveaux gros comme des pois chiches véreux et ça ne les effleure pas. Chon suffoque sous mon étreinte.

— Dis-leur vite ! insisté-je, ou sinon…

Chon leur lance alors l'ordre de mouler leur artillerie. Les autres hésitent, et je les comprends.

Leurs pétoires c'est leur raison d'être. Sans arme ils se sentent aussi nus que des vers de terre devant un portrait de Brigitte Bardot.

— Vite ! dis-je, je commence à m'énerver…

Chon répète son ordre. Alors les mitrailleurs déposent la quincaillerie par terre. Si vous voyiez le gars Béru à l'ouvrage, vous cavaleriez acheter une caméra pour filmer ça.

Le Gravos se jette sur la première Thomson qui lui tombe sous la pogne. Il la biche par le canon et se met à cogner dans le tas à toute vibure. Le temps de déshabiller une banane, et nos bonshommes ressemblent à une catastrophe ferroviaire.

Je sens Chon qui tremble contre moi. Pauvre biquet. C'est courageux quand c'est entouré de gardes du corps armés jusqu'aux gencives[1], mais dès que la situation se détériore, ça se comporte comme une jeune fille timide qu'on enverrait passer la nuit dans une chambrée de tirailleurs sénégalais.

Un peu essoufflé, Grosse-Pomme ramasse la seconde mitraillette et me la tend.

— Tiens, mec, fait-il. Un petit cadeau pour t'entretenir la santé, mais je t'offrirai rien pour ton anniversaire !

— C'est déjà beau de pouvoir s'offrir un autre anniversaire ! déclaré-je.

J'écarte Chon de moi. Il souffle profondément. Ses yeux lancent des éclairs. Et soudain, je réalise que cet enviandé a toujours un pétard à la main. Il me tient

1. Un garde du corps digne de cette appellation n'a plus de dents.

braqué. Je ne m'en étais pas aperçu. Il va tirer, c'est écrit comme de la publicité sur une palissade des Champs-Elysées. Le Gros s'en rend compte aussi, il sait que lui n'a pas le temps d'intervenir : c'est une question de dixièmes de secondes.

— Faites attention au crocodile ! hurle-t-il à Chon.

D'instinct, Chon fait un saut pour s'écarter du bassin. Alors Sa Majesté lui balance un coup de chaussette dans la hanche.

Le chef de la police secrète titube et pique une tronche dans l'eau noirâtre en poussant un cri de folie ! Un terrible remous s'opère dans la flotte. On voit les bras du gars qui sortent de l'eau pour demander de l'aide. Je me penche et je lui saisis une main. Je tire, mais messieurs les gastronomes à écailles tirent plus fort que moi. Un nuage rougeâtre s'étale à la surface du bassin. Je lâche tout et la carcasse du gars disparaît. Ecœuré, glacé de terreur, je détourne les yeux.

— Atroce, balbutié-je.

Mais Bibendum n'est pas de mon avis.

— La faute à qui ? objecte mon camarade. Après tout, s'il avait élevé des canaris au lieu de ces bestioles ça lui serait pas z'arrivé. Oublie pas qu'il s'apprêtait à nous faire ce coup-là, San-A.

— Tu as raison, admets-je, il y a une justice immanente.

— C't heureux, grommelle le Gros, parce que, pour ce qui est de l'autre, c'est le contraire de la vente à crédit : on paie d'abord et on ne sait jamais quand on sera livré. Tu viens…

C'est le moment de se carapater. D'autant que les autres commencent à récupérer.

Nous quittons l'enclos. La clé est encore sur la serrure. Je donne deux tours, et je la jette dans le bassin.

— Vous n'aurez qu'à aller la pêcher ! fais-je aux foies-blancs.

Nous filons rapidos à travers le parc ombreux où les palmiers bercent leurs palmes au vent nocturne.

Comme nous parvenons sur la route du bord de mer, nous entendons hululer une petite sirène aigrelette. L'alerte est déjà donnée !

— On n'est pas encore en vacances, hein ? soupire Bérurier.

— Non, pas encore.

— Et j'ai de plus en plus faim !

— On essaiera d'arranger ça incessamment !

— Et je suis toujours en chaussettes !

— Pourtant, tout à l'heure, tu avais l'air d'être dans tes petits souliers !

— T'es tellement intelligent, fulmine-t-il, qu'on a des fois envie de mettre des lunettes de soleil pour te regarder.

Je le fais taire d'une bourrade.

Il grogne :

— Quoi t'est-ce ?

— Tu n'as pas entendu ?

— Non ?

— Une sorte de glissement.

— C'est le vent !

J'attends un moment, la mitraillette en alerte. Le glissement reprend. Il provient d'un massif d'*errare humanum est* à feuilles déliquescentes.

— Ne tirez pas ! fait une voix de femme.

Je m'abstiens, moins par galanterie que par prudence, je dois dire.

Les branches de l'*errare humanum est* s'écartent comme les branches des lunettes de Gabriello et qui vois-je apparaître ? Je ne vous le donne pas en mille, je ne vous le donne pas en cent, ni en dix, ni en prime : la môme Conchita.

— Pas possible, gouaillé-je : miss Courant d'air. Alors, orgueil de mes nuits, qu'est-ce qu'on raconte ?

— Taisez-vous et suivez-moi ! souffle-t-elle.

— C'est plutôt vous qui me suivez, rectifié-je, après m'avoir fui, du reste.

Elle répète, durement :

— Venez !

Et sa force de persuasion est telle que j'obéis, bougrement éberlué, en me demandant ce que le comportement de cette souris signifie.

— Et vot' copine ? s'informe Béru. Ma petite Irrigation, vous l'avez revue ?

— Toi, dis-je, prends ton vague à l'âme sous le bras et marche derrière.

Je me replace au niveau de la pépée.

— Vous ne vous figurez pas que nous allons vous suivre comme des toutous, belle enfant ? Vous avez beau posséder un valseur de première classe, ça n'est pas une raison suffisante pour…

Elle porte une robe sombre, en soie bleue, qui lui colle à la peau et dessine ses formes admirables. Une large ceinture de cuir emprisonne sa taille de guêpe.

La fille s'arrête, me regarde, et j'admire *in petto* la profondeur miraculeuse de son regard.

— Nous travaillons pour la même maison, me dit-elle.

Je croasse :

— Vous seriez ?…

— Je suis. J'eusse préféré garder l'incognito, mais les événements évoluent si vite…

Et elle ajoute, d'une voix décidée :

— Pressons, j'ai une voiture à quinze cents mètres d'ici.

CHAPITRE XI

Le Gros geint because les épines de cactus qui prennent ses salsifis pour des pelotes à épingles. Il remonte à ma hauteur, tel un cheval de trot qui met le laxompem cent mètres avant l'arrivée.

— Qu'est-ce qu'elle a dit ? me demande-t-il.

— C'est elle, le mystérieux correspondant du Vieux.

— Pas possible !

— Ben, il paraît.

— Gaffe. San-A ! Cette crémière te berlure, j'ai dans l'idée.

— Nous verrons bien…

Comme des bruits de motocyclettes se font entendre, la gosse nous fait signe de nous planquer au sol. On s'aligne tous les trois, flanc contre flanc dans l'herbe rêche. Le contact avec Conchita est plutôt agréable. Qui qu'elle soit, elle possède un gabarit contre lequel il n'y a rien à redire. Je lui fais le coup de la paluche promeneuse et, à la lumière de la lune, elle m'examine, un rien surprise.

— Vous vous croyez dans une alcôve ? souffle-t-elle.

— J'aurais tendance, en votre compagnie.

— Ce n'est pourtant pas le moment…

Un groupe de motards passe en rafale à quelques mètres de nous. La route redevient déserte.

— Maintenant il faut nous dépêcher, exhorte la belle enfant, dans quelques instants les routes seront barrées.

Le dos rond, nous fonçons sur le talus. Quelques centaines de mètres plus loin il y a un chemin creux bordé d'*ad libitum* à palmes. Les chromes d'une bagnole brillent dans la pénombre.

— Vous allez vous installer dans le coffre ! décide Conchita avec autorité.

— Vous rigolez, non ? proteste le Preux.

Mais elle branle le chef, ce qui me donne furieusement envie de m'affubler d'une toque blanche.

— Je serai sûrement stoppée avant de parvenir à la ville. Si on vous trouve dans ma voiture, nous sommes perdus.

Je la regarde. S'agit-il d'une manœuvre ? Je ne vois pas à quoi elle rimerait. M'est avis que la toute belle se mouille comme l'ancre d'un navire à cause de nous. Lui témoigner de la méfiance serait déprimant pour elle. Elle a déjà ouvert le coffre de son bahut. Notre installation n'est pas aisée, mais à force de se tasser et de se tortiller, nous parvenons à caser nos prestigieuses personnes entre une roue de secours et la manivelle d'un cric. Le noir se fait. Nous ne respirons que grâce au trou de la serrure. C'est maigrelet lorsqu'on possède nos capacités thoraciques.

— Tu parles d'un cinoche, marmonne le Baraqué. Quand je pense qu'on devait aller ce soir à çui de not' quartier, Berthe, Alfred, sa femme et moi. On projette un film sur la police justement : *Quand passent les six cognes*, ça m'aurait intéressé. Alfred, lui, vu qu'il est coiffeur, préférait visionner : *Certains l'aiment chauve*…

— Oh, sois gentil, ferme-la, supplié-je. Biscotte ?

— En parlant tu empiètes sur ma part d'oxygène.

Il se tait, conscient de la gravité de cette frustration. La bagnole roule vite. Conchita a le style taxi : elle prend ses virages à la corde et conduit au frein. Par instants, on peut se croire à bord d'une fusée spatiale. Au bout d'un trajet assez long, me semble-t-il, la guimbarde stoppe. J'entends des voix masculines, très rudes. Puis le gazouillis de la gosse. Je me doute qu'il s'agit d'un barrage de poulets et je prie ardemment le Seigneur pour que Béru n'éternue pas, ce qui, à coup sûr, ferait sauter le couvercle du coffre comme le bouchon d'une bouteille de champagne secouée. Les portières de la voiture sont ouvertes et claquées. Quelqu'un s'approche de l'arrière et toque sur la tôle de notre refuge. Conchita lance quelque chose sur un ton joyeux et un type éclate d'un rire aussi gras que le bouillon d'un pot-au-feu.

— Nous repartons.

Encore cinq minutes et l'auto stoppe. Le couvercle du coffre se lève, un grand carré de nuit se précipite dans nos éponges desséchées.

— Fin de section ! annonce le Gros.

Conchita nous sourit.

— Vous avez entendu ? demande-t-elle. Il s'en est fallu d'un rien que les flics n'ouvrent la porte de la malle amère.

Je regarde autour de moi. Nous sommes dans une sorte d'espèce d'impasse malodorante.

— Venez, dit Conchita.

Nous démêlons nos membres. Béru récupère ceux qui lui appartiennent et sort de la malle. Je l'imite. Nous gagnons le fond de l'impasse. Une petite porte de bois donne accès à un jardin paisible où glougloute un jet d'eau. Sur la droit s'élève une aimable petite hacienda.

— C'est à vous, ce nid d'amour, Conchita ?

— Oui, c'est ma résidence clandestine.

Nous pénétrons dans une pièce de séjour peinte en blanc sur les murs de laquelle se détachent d'aimables ferrures espagnoles noires.

— Asseyez-vous ! Un drink ?

Béru prend la parole avant moi.

— Ecoutez, beauté, dit-il, c'est pas qu'on n'ait pas soif, mais z'on a surtout les crocs. Vous z'auriez pas une bêtise quéconque à nous offrir ? Je sais pas, moi : un reste de gigot ou un jambon de Bahia…

La môme sourit. Elle s'approche d'un cordon de velours et tire dessus. Peu après, une grosse négresse se présente, avec des cocards pareils à des phares d'auto.

Elle ne paraît pas surprise du tout de trouver céans deux hommes fripés, terreux, tuméfiés, dont l'un est en chaussettes. Conchita lui donne des instructions. La négresse s'éclipse.

— Elle a du frichti au frigo ? s'inquiète le Généreux.

— Rassurez-vous. Vous allez avoir une collation.

Maintenant la môme s'exprime dans un français impec. Le Gros lui décoche un sourire déjà empreint de la plus vive reconnaissance.

— C'est un plat d'ici ? demande-t-il.

— Quoi donc ?

— La collection, dont vous causez.

Conchita Danlavaz se tourne vers moi, les sourcils en forme de point d'interrogation.

— Ne vous faites pas de bile, dis-je, c'est un blagueur à froid.

Comprenant confusément qu'il a déballé une

baloudise, le Boulimique se contente de sourire aussi finement qu'un camembert trop fait.

— Bon, on s'explique ? tranché-je en prenant la main de Conchita qui vient de s'asseoir à mes côtés sur un canapé.

— C'est le moment, en effet, reconnaît-elle.

— Eh bien allez-y, mon cœur, je vous suis tout ouïe.

— Mon père, attaque-t-elle, était un riche colon d'origine espagnole. Il s'appelait Gonzalez Deconaimé Y Lavétor Y Pijaipa Y Lépéta Con Binard, vous avez entendu parler ?

— Si j'avais entendu parler j'aurais retenu, assuré-je.

Bien entendu, le Gros rigole.

— Dites, mon lapin, sa carte de visite c'était un rouleau de papelard hygiénique, non ?

— Père avait les plus vastes plantations de tabac du sud de l'île.

Son expression se durcit.

— A la révolution, poursuit-elle, il a été assassiné et tous ses biens furent saisis. Moi, pendant ce temps, j'achevais mes études à la faculté des lettres de Paris… Lorsque j'ai appris le désastre, je suis partie pour les Etats-Unis. Je n'avais qu'une idée en tête : revenir à Cuho et tout mettre en œuvre pour nuire à ce régime maudit !

Elle est interrompue dans sa diatribe par l'arrivée de sa servante, laquelle pousse devant elle un plateau à roulettes chargé de victuailles. Son Estomac se fait reluire, je vous prie de le croire. Il y a là une dinde farcie à la banane, des saucisses au piment, des poires avocats en robe de chambre correctionnelle, des pruneaux crus et des galettes de fèves.

Plus une bouteille de Santo Emiliano. Essayer de

modérer le Mahousse est impossible. Il a déjà une saucisse dans chaque main et on sent à quel point il regrette de ne disposer que d'une bouche pour dévorer tout ça.

Tandis qu'il s'obstrue les caries dentaires, je reviens au récit de Conchita, armé je l'avoue d'un pilon de dindon. C'est un digne dindon, digne d'un d'on et je lui fais celui de ma personne.

— Continuez, mon chou.

— Je connaissais votre chef, lequel est très lié à l'ancien ambassadeur de Cuho à Paris. C'est lui qui, voyant ma soif de vengeance, m'a adressé aux services secrets américains.

— C'est bien du Dabe, mastique Béru. Il a de ces relations, le vieux salingue !

Il cueille entre le pouce et l'index, et avec le maximum de grâce, un bout de peau de saucisse bloqué entre deux de ses ratiches, l'examine avec attendrissement et, poussé par ce sens de l'économie qui fait les bonnes maisons, il se le remet dans le concasseur.

— C'est passionnant, mon petit, assuré-je. Je comprends pourquoi mon *boss* ne m'a pas révélé votre identité : il ne tient pas à vous compromettre…

— J'ai toujours eu l'idée que le Vioque était un chaud lapin, assure Béru en enfournant un morceau de dindon gros comme mon poing.

— Une fois aux U.S.A., dit la mignonne, on m'a fait subir une instruction puis, m'ayant pourvue d'une fausse identité, on m'a lâchée ici avec pour mission de surveiller particulièrement Paulo Chon.

— Alors ?

— C'est de cette manière que j'ai découvert les entretiens secrets entre les meneurs guadeloupéens et Chon.

— Alors ?

— J'estimais avoir une dette de reconnaissance vis-à-vis de votre chef. Les hommes de Pointe-à-Pitre étant des ressortissants français, c'est donc lui que j'ai alerté.

— Et vous n'avez pas prévenu vos services ?

— Pas encore. J'estimais qu'il appartenait à la France de se pencher sur cette question.

Ça me fout en renaud. Je balance mon pilon à travers le living et j'aboie.

— Un agent secret digne de ce nom n'a pas à estimer ! Vous faites de l'espionnage comme d'autres gonzesses font de la broderie ! Dans ce damné boulot on n'a qu'un chef, vous m'entendez ! Qu'un seul, sinon il devient impraticable.

— Allons ! sermonne le Gravos, fâche-toi pas, t'intimides mademoiselle. Vise-la : a se demande ce qui te prend.

Le fait est que la môme est toute pâle et qu'elle me considère avec des yeux stupéfaits. Je me calme.

— Excusez-moi, Conchita, mais je vous jure que j'ai raison. Si vous aviez alerté les services amerlocks au lieu des services français, tout serait O.K. maintenant.

— Pourquoi ?

— Mais parce que ces fameuses entrevues concernaient plus les Etats-Unis que la France. Vous l'ignorez donc ?

— Bien sûr !

— Pourtant vous paraissiez au mieux avec Paulo Chon.

— J'étais devenue son amie…

— Sa *petite* amie ?

Elle rosit.

— Tous les moyens sont bons pour parvenir à ses fins.

— Et vous êtes arrivée à vos fins ?

— Oui. Grâce à mon intimité avec Paulo Chon, j'ai pu sauver la vie à beaucoup de gens, croyez-moi.

— Je vous crois, Conchita. Mais venons-en à l'histoire Tepabosco.

— Ç'a été terrible.

— Racontez…

— Lorsque j'ai eu prévenu votre chef, il m'a annoncé qu'il envoyait quelqu'un. Or, le jour même de l'arrivée de Tepabosco au *Dubonn e Sinzano*, Chon a été prévenu par une lettre anonyme.

— C'est Chon qui vous l'a dit ?

— Non, c'est Juan Lépino, l'homme que vous avez molesté hier pour le faire parler et qui était dans les papiers de Paulo Chon.

— Alors ?

— Je me suis dit qu'il y avait des fuites et que tout risquait d'échouer. Alors j'ai pris les devants.

— C'est-à-dire ?

— J'ai guetté Tepabosco devant le *Dubonn e Sinzano* et je lui ai dit de venir me rejoindre au *Parisiana*.

— Pourquoi ?

— Vous allez comprendre. Tepabosco est venu et nous avons eu une conversation ensemble. Je lui ai annoncé qu'il était brûlé ; que nous devions aviser d'urgence et arrêter un plan de conduite…

— Lequel ?

Tout en l'écoutant passionnément, je ne puis que me dire, tout aussi passionnément, que cette fille est l'un des plus beaux sujets qu'il m'ait été donné de rencontrer. L'excitation lui empourpre le visage et ses yeux de braise ont des lueurs qui vous font bouillir le raisin.

Faut être Béru pour pouvoir lui préférer une dinde farcie aux bananes !

— J'ai dit au Roumain la nature de mes relations avec Chon. Je pouvais les mettre à profit pour le sauver. Seulement, pour cela, je devais gagner tout à fait la confiance de Paulo. Comme je supposais que Tepabosco était surveillé, sans plus attendre j'ai téléphoné à Chon pour lui dire que je venais de repérer un étranger qui paraissait s'intéresser à lui et que je lui faisais le coup de la séduction afin de l'avoir en main.

— Très habile, approuvé-je. Qu'a dit Paulo Chon ?

— Il m'a complimentée et m'a chargée de surveiller le type.

— Ensuite ?

— Le lendemain, l'entrevue entre Chon et les gars de Pointe-à-Pitre devait avoir lieu, et Tepabosco a décidé d'y assister. Après il devait feindre d'avoir un accident :

— Pourquoi ?

— Pour gagner du temps. Pendant son séjour à l'hôpital il ne risquait pas grand-chose. Il a suivi mon conseil. Trop bien même, car il a été assez sérieusement blessé. Je suis allée le voir à l'hôpital le lendemain et ensemble nous avons composé le texte du message qui devait être transmis à votre chef.

— C'est vous qui avez posté le message ?

— Oui, après l'avoir soumis à Paulo Chon.

— Qu'a-t-il alors décidé ?

— De jouer le jeu tout en surveillant Tepabosco étroitement.

— Dites, fillette, vous, vous jouiez là un drôle de double jeu !

— C'était le seul moyen d'accorder un sursis au Roumain. Je parvenais simultanément : à retarder son arrestation, à satisfaire Paulo Chon, et à prévenir votre chef ! Pas mal comme résultat !

— De première, éructe Béru.

Le dindon gît devant lui comme un dessin de Bernard Buffet. Il ne subsiste plus que l'armature générale. Il a la bouche comme une bassine à friture, le Gros.

— En effet, conviens-je, c'était bien combiné pour un aussi joli cerveau.

Elle m'adresse un rapide sourire.

— Et nous ? dis-je.

— Quoi, vous ?

— Comment se fait-il que nous ayons eu maille à partir avec Paulo Chon ? Pourquoi m'avez-vous volé mon portefeuille ? Pourquoi avez-vous donné l'alerte après vous être enfuie de chez votre ami Juan Lépino ?

— Que de questions erronées ! sourit la déesse. Je vais tout vous expliquer…

Elle se verse un verre de Santo Emiliano, l'avale d'un trait pour bien montrer qu'elle s'est débarrassée des minauderies de salon, puis elle revient s'asseoir près de moi et ne me repousse pas lorsque je lui glisse mon bras préféré autour de la taille.

— Je vous ai dit que Tepabosco était surveillé. Votre ami, ici présent…

Là, Béru rote de confusion.

— … Votre ami est allé lui rendre visite. C'était donc se signaler à l'attention des anges gardiens !

Je l'interromps :

— Mais moi-même je filais l'inspecteur principal Bérurier et je n'ai rien vu d'insolite !

— Parce que l'homme qui s'était attaché à ses pas a su passer inaperçu.

— Ça me mortifie un brin. Je prends un ton de

confesseur à qui une ravissante pénitente raconte son dernier adultère et je balbutie :

— Continuez, mon enfant, dites-moi tout !

Et elle continue :

— Ce qui a tout faussé, c'est qu'ils ont cru que monsieur…

Courbette de Béru qui en perd trois boutons de braguette d'une seule plongée.

— … Que monsieur était seul. Quand ensuite ils vous ont vus ensemble, ils ont mené une rapide enquête sur vous et ont appris que vous étiez suisse, ce qui les a quelque peu déconcertés.

Elle s'arrête un instant pour reprendre haleine. Marrant tout de même que ce que j'estimais être une ruse suprême, se soit retourné contre moi. Nature, ces tocassons se sont demandé au départ ce que je voulais à ce gros lardon débarqué seul ici.

— Ils ont pensé que j'étais peut-être l'agent d'une autre puissance ?

— Oui.

— Et quand je vous ai entreprise au *Parisiana*, ils se sont dit que c'était une aubaine et vous ont chargée d'en savoir plus long sur mon compte ?

— Exact.

— Seulement lorsqu'une fois dans ma chambre je vous ai posé des questions sur Tepabosco, vous avez bien dû piger, non ?

— Au contraire, ma méfiance s'est renforcée. Et voici pourquoi : j'ai pensé que si vous étiez un envoyé des services secrets français, votre chef vous aurait communiqué mon adresse.

— Alors ?

— Pendant que vous vous trouviez dans la chambre de votre ami j'ai fouillé votre portefeuille et j'ai trouvé dedans une carte de police. Ça m'a paru être la preuve que vous trafiquiez pour une deuxième puissance. Je ne me serais jamais doutée qu'un agent travaillant sous un faux nom et une fausse nationalité conserverait dans ses poches sa véritable carte professionnelle. Je l'ai prise pour un accessoire destiné à vous faire agréer par Tepabosco.

— Ça, je dois reconnaître que t'as pas été bien aspiré, ricane le futur commissaire.

Ayant dit, il croise ses mains de charcutier enrichi sur sa bedaine de prélat repu et dodeline du chef. San-A. fait la tronche. A ce qu'on dirait, miss Deuxième Burlingue vient de prendre sa revanche, hein ? Elle me revaut mes sarcasmes de tout à l'heure.

— Les plus vastes génies ont leurs petites misères comme n'importe quel Bérurier, assuré-je.

Sa Majesté soulève un store.

— Y me semble qu'on cause de mon nom ? s'inquiète-t-il.

Ne recevant pas de confirmation, il s'assoupit de nouveau.

Je poursuis :

— Vous m'avez secoué mon portefeuille pour me faire croire que vous étiez une petite entraîneuse indélicate, n'est-ce pas ?

— Oui.

— Et vous êtes allée chez l'ami Lépino ?

— Oui.

— Vous avez prévenu Paulo Chon de votre prouesse ; puis, vous vous êtes dit que par l'autre fille...

Béru, qui s'est à demi réveillé, soupire mélancoliquement :

— Ah ! Prohibition, ça, c'est de la souris !

— Oui, enchaîne Conchita, je me suis dit que vous alliez savoir mon adresse officielle par Incarnation et j'ai envoyé quelqu'un chercher mes effets chez moi.

— Quelle idée ?

— Ma valise comportait un double fond et contenait certains documents. Sous le prétexte des robes, c'était elle que je voulais récupérer. Je craignais que vous ne mettiez la main sur certaines pièces…

— Je vois. Reste maintenant la dernière question. Pourquoi avez-vous alerté les flics après vous être enfuie de chez Juan Lépino ? A ce moment-là il n'y avait plus de doute pour vous : vous étiez sûre de ma qualité d'A.S. français.

— Je n'ai rien alerté du tout.

— Pourtant, nous les avons eu illico sur le râble.

— Evidemment, votre collègue était arrivé chez Juan au volant d'un car de police, c'est un véhicule qui ne passe guère inaperçu !

Elle me sourit, enjouée.

— Vous ne voulez pas un verre de *vino* avec moi ? A force de parler j'ai le gosier comme de l'amadou.

— Bonne idée ! meugle le Gros.

Nous trinquons tous trois.

— Et maintenant que les mystères passés sont en grosse partie éclaircis, parlons…

— De l'avenir ? gazouilla-t-elle.

— Non, chère Conchita, du présent !

CHAPITRE XII

— Le temps est venu de faire le point, exprimé-je après avoir vidé mon verre.

Comme Son Enormité a les yeux fermés je lui propose un coup de tatane dans les montants. Il gémit sous le choc.

— Tu dors ! tonné-je.

— Non, je me recueille !

— Alors, prends plusieurs sacs si tu veux tout recueillir.

Amusement de Conchita. Je dépose un mimi mouillé sur la nuque de la gente agente. Je me sens en pleine bourre, comme disait un flic efféminé.

— Vous avez connu notre arrestation tout de suite ?

— Naturellement, car je n'ai pas manqué d'aller chez Chon en partant de chez Juan Lépino.

— Vous avez prévenu le Vieux ?

— Votre chef ?

— Oui.

— Immédiatement. Je lui ai dit que vous étiez dans les mains de Paulo Chon, lequel rusait pour connaître l'identité de l'agent français N° 1.

— D'où sa réponse qui ne manquait pas de sel !

— Et c'est vous qui nous avez jeté la clé des menottes dans le cachot ?

Elle a un froncement de sourcils.

— La clé des menottes ?

— Par le soupirail ?

— Ah ! Oui, naturellement que c'est moi.

— C'est vous également qui avez jeté le revolver par la même voie ?

— Qui voulez-vous que ce soit ?

— Ben, voyons ! Vous vous proposiez de tenter quelque chose d'autre pour nous sauver ?

— J'attendais, près de la fosse aux crocodiles, mais que pouvais-je essayer de plus, avec ces hommes armés qui vous cernaient ?

— En tout cas, merci pour tout.

J'avale le restant de mon pinard.

— Il est pas mauvais, hein ? apprécie Béru qui considère avec une profonde affliction la bouteille vide. Il me rappelle de l'arbois rouge.

— Dites-moi, Conchita, pourquoi Tepabosco s'est-il suicidé ?

— Alors, là, c'est un mystère !

— Vous n'avez aucune idée des motifs qui l'ont poussé à accomplir ce geste ?

— Aucune.

— Vous a-t-il fait part de la conversation suivie à la jumelle depuis le meublé situé en face du *Dubonn e Sinzano* ?

— Non !

Je fronce ces merveilleux sourcils qui contribuent si puissamment au velouté de mon regard casanovesque.

— Voyons, Conchita, ce type se savait surveillé. Sa situation était précaire. Il connaissait votre identité et il n'a pas profité de la chance inouïe qui s'offrait de transmettre le rapport au *boss* ?

— C'est ainsi.

— Vous ne lui avez rien demandé ?

— Je lui ai demandé s'il avait un autre message pour Paris, il m'a répondu que non.

— Lorsque Bérurier…

Sursaut du Gros pionceur qui articule faiblement :

— On me réclame au téléphone ?

— Lorsque l'ignoble Bérurier, reprends-je, s'est présenté à lui, il lui a affirmé qu'il avait perdu la mémoire. Puis, tout de suite après cette visite qui eût dû le réconforter, il s'est évadé de l'hosto et il est rentré à l'hôtel… pour se suicider. Voilà un comportement très bizarre, n'est-ce pas ?

— Vous oubliez qu'il était surveillé, objecte Conchita Danlavaz. On l'aura suivi et, qui sait… Peut-être l'a-t-on aidé à se défenestrer ?

— Il est très vraisemblable qu'on l'a suivi, mais il est impossible qu'on l'ait balancé par la croisée car je me trouvais devant la porte de sa chambre au moment où il a passé par-dessus le bastingage.

Conchita secoue sa jolie tête.

— Je ne vois vraiment pas ce qui a motivé la conduite du Roumain.

Un temps. L'atmosphère de cette maison est lénifiante. On se croirait dans le presbytère d'un très vieux curé. Bien que le mobilier et la décoration soient modernes, il y flotte un je ne sais quoi de guindé et d'engourdi.

— Vous savez ce que Cuho prépare à la Guadeloupe, chère Conchita ?

— Je n'en ai pas la moindre idée.

— Il y a là-bas une base secrète américaine que Cuho s'apprête à détruire j'ignore comment.

— Mon Dieu !

— Voilà qui vous explique ma sortie de tout à l'heure. Si vous en aviez référé à vos chefs au lieu de contacter le mien…

— Je suis désespérée.

Elle se lève.

— Voulez-vous dormir un peu ? Moi je monte me changer.

— Je pense que nous allons effectivement piquer un petit somme, dis-je.

Je prends une pose commode sur le canapé. Les mains croisées sur la brioche, je me laisse aller. Alors elle a une réaction merveilleuse : elle s'agenouille devant moi et doucement, avec une application sensuelle formide, Conchita me roule la galoche cuhaltière *number one*, estampillée Infidel Castré. J'y réponds par le patin montmartrois. Elle veut m'épater avec le mimi Grandes-Antilles, mais c'est votre San-A. joli qui l'éblouit avec la paluche de Montreuil-sous-Bois.

— Vous m'en mettrez six caisses avec robinet, murmure Béru que ces multiples agaceries intéressent.

Ça fait diversion. La gosse se lève et quitte la pièce.

— Elle a de la conversation et tout ce qu'il faut pour s'asseoir et respirer, souligne le Mastar lorsqu'elle est sortie.

— Je me demande ce que mijote cette enfant de pute, fais-je.

— T'as une façon de causer des dames qui te ramonent les muqueuses, reproche le principal.

— Tu es donc truffe au point de ne pas t'être aperçu qu'elle nous emmenait sur un bateau plus grand que le *France* !

— Hein ?

— Ecoute, Gros. Chez Lépino, quand tu as fait au Suifeux la séance propice aux confidences, il nous a dit que Tepabosco s'était allongé et qu'il avait décidé de jouer à l'accident. Or, ce détail, Conchita seule était censée le savoir. Si Chon était au courant, c'est que la gosse avait mangé tout le morceau. D'ailleurs, ses explications sentaient la fumée…

— Là, alors, tu m'en bouches une surface, ânonne l'Anon. A te voir lui faire la causette, j'étais persuadé que tu marchais.

— Je faisais semblant pour savoir jusqu'où elle irait dans son numéro de berlurage. Je lui ai même tendu un piège dans lequel elle est tombée en chute libre.

— Le quoi t'est-ce ?

— Je lui ai demandé si c'était elle qui nous avait balancé les clés.

— Et elle t'a répondu qu'oui.

— Effectivement, mais après une hésitation. Je lui ai alors demandé si c'était également elle qui nous avait envoyé un pétard…

— Personne ne nous a expédié de soufflant ! s'étonne l'Abominable.

— Justement ! mais *elle a répondu également que oui*. Alors là, le mensonge est total.

— Ah ! la peau de citrouille ! hurle Béru. Tu vas voir comment que je vais la faire causer avec deux ou trois mandates !

Je mets la main sur mes lèvres.

— Attends-moi ici, bonhomme la lune.

Je vais à la porte, je l'ouvre violemment. La grosse négresse était à l'affût, juste derrière. Je la cramponne par un bras et je la propulse à l'intérieur de la pièce. Le Gros la déguste sur les genoux.

— Fais un brin de cour à madame ! dis-je. Je suis sûr que tu lui plairas.

Là-dessus je gagne le fond du couloir et je grimpe l'escalier. Je parviens au premier étage. La maison du reste n'en comporte qu'un, et encore est-il mansardé. Je prête l'oreille pour essayer de me repérer. Mais inscrivez « des clous ». La *casa* est silencieuse. Cette petite gueuse de Conchita se serait-elle esbignée ? Pourquoi diantre nous a-t-elle arrachés aux griffes de la police ? Je n'arrive pas à piger son rôle dans cette histoire. Elle avait, de toute évidence, partie liée avec feu Chon, et pourtant elle a pris des risques pour nous sortir du pétrin.

Tout est en non-sens, à contresens, à double sens, dans le comportement de l'étrange fille. Elle semble en cheville avec tout le monde, et elle double tout le monde. Elle avoue certaines choses, mais elle en tait d'autres. Elle ment, elle leurre ! Elle…

Je viens de pousser une porte et je m'arrête, un peu sidéré. Conchita est là, allongée sur un tapis de raphia. Elle a la tête presque détachée du tronc. Pas besoin de chercher l'arme du crime : un sabre à lame courbe gît à ses côtés. Le sang de la jeune fille s'étend rapidement. Ça glougloute vilain et la gosse a encore de très légers spasmes.

Voici moins de cinq minutes, je bécotais sa magnifique nuque. Et maintenant…

La fenêtre est ouverte. Je m'y précipite. En bas, je distingue deux trous dans la pelouse. C'est le meurtrier qui a sauté à cet endroit. Il devait attendre la mignonne en haut. Comment se fait-il qu'elle n'ait pas crié ? Tout s'est passé en silence. Sans doute connaissait-elle l'assassin et sa présence ici ne l'a pas surprise ?

J'ouvre à la volée les autres portes. Simple formalité car toutes les pièces sont vides. Le mystère s'épaissit comme le sang qui dégouline de cette gorge tranchée.

Je redescends. Le Gros est en train de peloter la négresse.

— On se croirait chez la Baronne ! rigole-t-il et que j'aurais élu Blanche-Neige reine de mon cœur !

— Réfrène tes bas instincts et tes bas morceaux, Gros.

Je lui raconte ma découverte. Il s'en arrache aussi sec deux poils du nez à reflets roux.

— Tu te fiches de moi ! Y a un instant elle était là !

— Y a un instant, oui. Seulement maintenant elle est là-haut avec le corgnolon sectionné au ras du menton.

Je fais face à la servante.

Je la questionne en anglais et en français, mais elle ne parle aucune de ces deux nobles langues. Alors je décide de l'entraîner sur les lieux du forfait. En découvrant Conchita dans ce triste appareil, la gravosse pousse un hurlement et tombe à la renverse. Béru ne fait pas un geste pour la retenir. La négresse s'affale donc avec un bruit mou et reste inanimée, les narines pincées.

— Je croyais que c'était du bidon, s'excuse le Gros, sans quoi je l'eusse eu retenue.

A ce moment-là, je perçois du bruit à l'extérieur. Béru m'a déjà précédé à la fenêtre.

— Du monde, explique-t-il, laconique.

Je regarde.

Effectivement, il y a une bonne vingtaine de flics dans le jardin !

CHAPITRE XIII

— Tu vois, soupire mon Courageux, ça fait plusieurs jours qu'on est ici, et j'ai pas seulement envoyé une carte postale à Berthe.

— En fait de carte, c'est un faire-part qu'elle recevra, prophétisé-je.

— Ce qu'y a de con, c'est que nos pétoires sont restées en bas. On n'aura pas même la satisfaction d'en démolir quelques-uns. Tu crois qu'ils vont nous seringuer à vue ?

— On peut s'y attendre.

— Mourir en chaussettes, c'est pas prestigieux, hein, mec ?

— Ça pourrait être pire.

— Par exemple ?

— Si tu clamsais en calcif.

Il réfléchit, évoque ses dessous et admet.

— T'as raison.

Puis il se baisse, ramasse le sabre ensanglanté et met gentiment le manche dans la main droite de la servante inanimée.

— Maintenant, si qu'on se planquait ? chuchote le Gros.

Car des coups sourds ébranlent la porte d'entrée. L'idée est valable. Je regarde les environs immédiats.

Impossible de sauter par la fenêtre, biscotte tout la matucherie déployée à l'extérieur. Les autres piaules, je les connais : elles n'offrent aucun abri valable… Je me souviens toutefois que l'une d'elles qui sert de grenier, est pourvue d'un vasistas.

Le toit à l'extrême rigueur, peut nous servir provisoirement de refuge.

Nous entrons donc dans cette pièce démeublée. Mais au premier regard, Béru établit une comparaison négative entre les dimensions du vasistas et sa bedaine.

— C'est ici qu'on se dit adieu, San-A. ! fait-il. Toi tu peux passer, moi pas. Vas-y, je refermerai derrière toi et comme ça t'auras ta chance.

Je secoue la tête.

— Non, mon Gros. On ne se sépare pas.

— T'es gland : pourquoi se faire ramasser tous les deux puisque t'as une petite chance dont au sujet de laquelle je ne peux pas bénéficier ? C'est pas parce que tu seras piqué avec moi que je m'en sortirai…

On entend le ramdam des bonshommes du guet investissant les pièces du bas.

— Si c'était le contraire, Gros et que ce soit moi qui fasse quinze mètres de tour de taille, est-ce que tu me laisserais ?

Il renifle.

— Ben…

— Tu vois bien.

Tout en chuchotant, je me suis reculé au fond de la pièce. Il y a une cheminée. Et je me penche pour regarder l'orifice d'icelle et voir s'il ne serait pas apte à héberger deux valeureux représentants de la poulaillerie françouaise. Hélas ! Par contre, je viens d'apercevoir quelque chose de bizarre : un levier de fer placé sous la hotte de la cheminée, Hotte-toit de là que je m'humecte, comme disait un ramoneur déshydraté.

Un instinct policier me poussant, je tire le levier. O surprise ! Miracle et Moyen Age sont les deux mamelles du stupéfiant. La cheminée tout entière pivote, découvrant une sorte d'espèce de réduit dans lequel se trouve un poste émetteur. Le Gros n'est pas revenu de sa stupeur stupéfaite que je l'ai déjà bousculé dans le réduit et que je m'y suis également logé. Je ramène la cheminée pivotante telle une porte et nous voici plongés dans le noir.

— J'avais lu un truc commak dans un conte de fées, chuchote le Mastar, mais je croyais pas que ça existait dans le commerce !

— Ta bouche, B.B.

Les pas des soudards sont très proches. On entend hurler des ordres. Ça crie, ça se démène.

Nous respirons avec difficulté, car seul, un minuscule trou percé dans le mur, nous distribue jour et oxygène.

— Si jamais on s'en sort, on va avoir les soufflets comme des morilles séchées ! dramatise Bérurier. A force de rester enfermé, je vais prendre des goûts de moine.

— Tu en ferais un superbe, conviens-je.

— Tu m'imagines en robe de burne ?

— Admirable. Et tes chers pieds nus dans des spartiates, dis, y songes-tu ? Le moine-ramoneur.

Le Gros s'est assis par terre. L'endroit est tellement exigu qu'il ne peut pas allonger ses cannes, le pauvre chéri. Pour ma part (la meilleure) j'ai usé du petit tabouret posé devant le poste émetteur. Et, à nouveau, les heures coulent. Je me doute que les flicards sont céans pour un moment. Et je ne tiens pas à réapparaître sous leur nez. J'aurais beau prétexter que je suis le secrétaire particulier du Père Noël, je vous parie un franco de port contre un porc de Franco qu'ils auraient des doutes !

Je finis bientôt par ne plus rien entendre, sauf, comme de bien entendu, les ronflements du Gros que je dois savater à tout bout de champ pour le tenir éveillé.

— On dirait qu'ils ont mis les adjas ! fait Béru.

— Tu parles qu'ils ont dû laisser du peuple en faction ! Tu as des allumettes ?

J'en gratte une. Sa faible flamme me permet une rapide inspection du local. Je découvre sur une étagère, une petite lampe électrique. J'espère qu'aucune rainure perfide ne nous trahira. La lumière plus nourrie et plus constante de la loupiote me permet de me repérer.

— Pourquoi que tu enverrais pas z'un message ? suggère Béru, en montrant le poste, toi que tu es syfiliste, tu pourrais.

— J'y songeais, Gros, mais ça peut être dangereux car je ne connais ni l'indicatif de la môme Conchita ni celui de ses correspondants. Suppose que mon message soit capté par les forces cuhaltières ?

Non, décidément, comme disait le pédoque qui admirait la colonne Vendôme, ça ne serait pas raisonnable ! En ce moment, vu la mort du chef de la police secrète, ça doit être l'état d'alerte dans l'île.

— Alors, docteur ? demande Bérurier qui contemple mon hésitation comme un pêcheur contemple son bouchon.

— Non. Un miracle nous a sauvés, ne nous perdons pas par une témérité.

— Tu sais que ça fait près de quatre plombes qu'on joue les croûtes de pain dans ce placard ?

Moi aussi, j'en ai classe. Je transpire à grosses

gouttes et je dois être rouge comme un cardinal inca souffrant de la rougeole.

— On se prend l'air, gars ?

J'entrouvre très imperceptiblement la lourde : silence total. Alors je pousse un peu plus mieux la cheminée à changement de vitesse. La voie me semble provisoirement libre. Béru s'annonce à son tour et nous repoussons la porte de la cachette.

— Cette cheminée, plaisante Son Altesse, c'est le Père Noël à elle toute seule !

Nous nous aventurons jusqu'à l'extrémité de la pièce où règne une chaleur tropicale. La porte en est grande ouverte.

Je parviens sur le balcon intérieur qui surplombe le hall. Un murmure de voix me parvient. Dans une pièce du bas (vraisemblablement au salon) deux types discutent. Sans doute ont-ils été laissés là par la police pour accueillir les visiteurs éventuels et répondre aux non moins éventuels appels téléphoniques. Le regard tuméfié du Gros m'interroge.

— On joue le tout pour le tout, lui dis-je. Descendons sur la rampe, ça fera moins de bruit. Une fois en bas on rampera jusqu'à la sortie. Advienne que pourra.

Je me mets à califourchon sur la rampe et je glisse silencieusement, d'une seule coulée. Parvenu en bas, je fais signe au Mahousse d'enfourcher la même monture. Il obéit, mais, parvenu à mi-course il pousse un beuglement féroce, bascule et choit sur un meuble plus ou moins chinois placé contre l'escalier.

Inutile de vous dire que messieurs les poulagas font fissa. Ils sont trois à débouler, revolver au poing, par la porte du living. Ce qui me sauve toujours en toute circonstance, vous le savez, c'est mon esprit de décision.

Avant que les trois gars soient sortis, San-A. le vaillant, le superbe, le courageux San-A.[1], est déjà sur eux, avec pour seule arme, une défense d'éléphant décrochée du mur. Je la tiens par le gros bout et je fonce comme si la fée Carabosse venait de me muer en rhinocéros. Or, si un oto-rhino c'est rosse, un rhinocéros féroce est encore plus rosse. Ma défense d'éléphant se révèle plus efficace qu'une défense d'afficher. Je la colle dans le plastron d'un archer qui en crache son cigare avant de s'effondrer. Un deuxième tire : de trop près car j'ai plongé dans son buffet et le coup ne fait que trouer ma veste. Je vais pour m'expliquer avec le troisième lorsque je constate que, revenu de sa chute, le Gros l'a déjà en main. Il lui fait une prise pour l'obliger à lâcher le revolver. Plusieurs coups partent au plaftard. Du plâtre nous choit sur le dôme. Qu'à cela ne tienne. Le Gros vient de mettre un coup de genou où vous savez au monsieur, lequel pense à sa femme et se met à pleurer pour elle.

La mêlée est confuse. On bille au jugé. Enfin au bout d'un moment la situation s'éclaircit. Nos trois matuches plus ou moins éclopés se tortillent sur le sol.

— Ligote-les solidement ! conseillé-je au Gras.

— Fais confiance, un charcutier lyonnais ferait pas mieux !

Ce sont trois merveilleux saucissons en effet que nous abandonnons. Avec les précautions que vous devinez je mate les abords de la résidence. Tout est O.K. Une voiture de police, sommée d'un phare tournant, est en stationnement devant la porte.

— Arrive ! lancé-je à Béru, ravi de l'aubaine.

1. J'en passe.

— Momente, j'ai enfin trouvé des croquenots à ma pointure !

Effectivement, il se ramène avec des ribouis étincelants.

— Tu parles d'une équipée, mon neveu ! fait-il, jovial.

Frais comme un garçon, notre Fra Diabolique ! On dirait qu'il va faire une partie de pêche avec la bagnole d'un copain.

— Que t'est-il donc arrivé sur la rampe ? je demande en m'installant au volant. Tu as poussé un cri comme si on venait de te coller un cigare allumé dans le soupirail.

— Y a de ça, gars. T'as pas eu droit à ce clou vicieux qui dépassait de la rampe ? Mais parole, j'ai cru que j'allais y laisser ma livre d'abats sans os !

Je roule un instant, au hasard des rues. Je n'ai pas branché la sirène, néanmoins les autres chignoles s'escamotent sur notre passage. Les poulets des carrefours nous donnent la priorité. Ça durera combien de temps, cette accalmie ? Les écuyers de Paulo Chon vont en faire un naze quand ils découvriront que nous avons une fois de plus chouravé un de leurs véhicules !

— Dans quel merdier sommes-nous ! soupire le Mastar. Un vrai casse-noix chitête ! je veux dire un casse-tête chinois. On marche sur du sable émouvant, quoi !

J'approuve. En effet, c'est un micmac à vous paralyser la matière grise. Dans l'existence y a des trucs que je ne peux pas supporter. Par exemple les rendez-vous avec des nanas dont je n'ai plus envie ; les bavards qui me racontent des histoires drôles que je connais déjà, et les pommes de terre pas assez cuites. On peut y ajouter, à partir de dorénavant, les enquêtes en papyrus où les personnages s'effritent dès qu'on les touche. Où leurs paroles sont aussi illogiques que leurs actes et où leurs destins tournent court dès qu'on commence à les prendre en main.

Ainsi la petite Conchita... Hein ? Admettez que c'est le cas le plus farfelu que j'aie rencontré. Voilà une môme qui se laisse séduire par le tout beau San-A. (ce qui n'a rien de surprenant[1]), puis qui lui chourave son larfeuille. Une môme qui aide ensuite le même (et de plus en plus beau) San-A. à s'évader après qu'il a neutralisé Paulo Chon, et qui se met à lui débiter des salades incroyables, tellement boiteuses qu'un professeur de claudication refuserait de se pencher sur elles, avant de se laisser décapiter la tête entre le menton et le cou, comme dirait un pléonaste distingué. Mais z'enfin ! Mais z'enfin ! Suis-je z'éveillé ou dors-je ?

— Où qu'on va, s'inquiète le Béruroche-à-souliers, voilà trois fois que tu passes devant cette fontaine ?

Vous me croirez si vous voulez (et si vous ne voulez pas, vous aurez tort) mais je ne m'en étais pas aperçu.

— On va retourner sur le terrain de nos premiers exploits ! fais-je brusquement.

— C'est-à-dire ?

— Chez le Suifeux.

— Pour quoi fiche ?

— Conchita nous a dit qu'elle avait envoyé chercher sa valise parce que celle-ci possède un double fond, *do you remember, boy* ?

— Je me le remembre parfaitement, acquiesce le Gros qui commence à parler toutes les langues vivantes, plus la langue de bœuf à l'écarlate.

— Elle prétendait que ladite valise recelait des documents secrets.

1. J'écris toujours avec des protège-cheville !

— Tout ce qu'elle a pu prétendre, soupire le Gros…

— Sur ce chapitre, je serais assez porté à la croire.

— T'es toujours porté, tézigue, bougonne-t-il.

— Or, poursuis-je, plus pour moi-même que pour cette terrine d'idiot persillée, son copain Rouflaquettes a coltiné la valoche jusque chez le Suifeux…

— Et tu t'imagines que si qu'elle aurait contiendu des documents, le môme serait pas z'allée la récupérer ? T'es plus truffé qu'une galantine de volaille !

— Je n'ai pas aperçu la valise dans la maison que nous venons de quitter…

— Elle l'aura porté z'en lieu sûr !

— Cette demeure était sa résidence secrète, où aurait-elle trouvé un lieu plus sûr ? N'oublie pas la cheminée truquée, le poste émetteur clandestin et tout, et tout…

— C'est pourtant vrai, convient mon acolyte.

Et, détendu, il se met à chanter l'hymne des serruriers : « *Nous sommes les rois des gonds.* » Ayant massacré le premier couplet il se tait.

— C'est marrant, reprend-il au bout d'un instant. On s'imagine les choses et elles ne sont pas comme on croit qu'elles sont.

Paroles sibyllines mais dont le sens caché doit être d'une profondeur infinie.

— C'est-à-dire ? demandé-je.

Il se cure les chicots pour se donner le temps de la réflexion.

— Quand c'est que j'imaginais ce patelin, dit-il, je voyais un bath voilier sur la mer bleue, entre deux cocotiers ; et puis, des bergères habillées d'une poignée de raphia qui faisaient la danse du bide pour t'accueillir…

— T'en es resté à l'époque des flibustiers, Gros. Tu penses affiches d'agences.

— Oui, on a tort. Le monde, maintenant, si tu veux que je te dise, c'est pourtant une station d'essence et de la réclame pour le Coca-cola.

— Mais tu deviens philosophe ! Tu vas pulvériser Bergson et Einstein !

— Si tu crois que je m'amuse à lire les bouquins de Bernchtein et de Fragson, tu te goures. Moi, mon délassement c'est les bandes dessinées. Ou alors, je potasse mon histoire. J'adore. Je suis férule, tu sais. Le dernier truc d'histoire que j'ai lu, c'est l'assassinat du duc Déguisé. Je me rappelle plus z'en quoi qu'il était déguisé. Mais ce que je peux te causer, c'est de la façon vacharde que le roi l'a fait poinçonner. Ils étaient une chiée avec des lardoires. Même que ça a dû y faire de l'élongation au duc, biscotte le roi le trouvait plus grand que nature.

— Quel roi ? souris-je.

— Je me rappelle plus son numéro d'ordre. Un Henri. Le roi du bilboquet tout terrain.

Il suspend son cours d'histoire, car nous voici arrivés. Je stoppe dans l'allée qui mène à la maison de Juan Lépino ; la *casa* paraît inhabitée. Tout est bouclé, tout est silencieux.

— Attends-moi ici, dis-je au Gros. S'il y a du pet tu seras toujours à temps d'intervenir !

Mais Sa Proéminence n'est pas d'accord :

— On ferait mieux de planquer la charrette ; s'il y a du pet, on pourra mieux voir venir.

C'est bien dit à lui, j'approuve sa prudence ; le Gros est expérimenté, il sait que la méfiance est mère de la sûreté. Nous continuons au pas et je remise la tire de l'autre côté de la maison (*in english : other side of the house*).

— Va en esploration, fait Béru, je mate les sabords pendant ce temps.

Je m'approche de la lourde et, avec la maestria et le petit instrument que vous savez, je me mets à tutoyer la serrure. Elle aime mes familiarités et se rend à mes raisons. Je pénètre donc *in the casa* et la première chose que j'aperçois, c'est précisément la valoche de la môme Conchita. Elle est posée sous une console du hall, là où l'ami Rouflaquettes l'a déposée l'autre nuit. Je me jette sur ce bagage, comme un prostatique qui vient d'absorber vingt litres d'infusion de queues de cerise se jette sur l'ardoise d'une pissotière. Je déballe les fringues à toute vibrure et je palpe le fond de la valtouze. Il paraît réglo. Conchita Danlavaz m'aurait-elle aussi bourré le mou sur ce chapitre ?

Je me mets en quête d'un couteau et je décroche au mur un poignard guatémaltèque[1]. Découper le fond de la valise en similicarton est un jeu d'enfant (d'enfant terrible). Je ne dégauchis rien de valable. La paroi est d'une seule épaisseur et ne comporte pas plus de double fond qu'il n'y a de saucisse aux lentilles au thé et de la duchesse du Conlajoy.

Je ne m'avoue pas vaincu, ni dixcu, ni cincu et j'entreprends un boulot délicat : celui qui consiste à découper le carton dans le sens de l'épaisseur. Bien m'en prend. Je déniche, dans le milieu de la plaque, une partie non collée recelant une feuille de papier pelure.

La feuille comporte une liste de noms et d'adresses. A ma grande surprise, certains de ces noms ont un consonance française, et, en tout cas, les adresses,

1. Le poignard guatémaltèque ne diffère du poignard mexicain que par le fait qu'il est vendu au Guatemala ; l'un et l'autre proviennent des aciéries de Detroit.

elles, sont françaises. Je constate – avec quelle formidable jubilation ! – qu'elles se situent à Pointe-à-Pitre, Grand-Bourg (Ile de Marie-Galante) (vous en êtes une autre !) et Port-Louis. Si je ne suis pas le quart de la moitié d'une patate (ça se saurait !) il s'agit là de la liste des agents guadeloupéens au service de Cuho. Vachement précieux comme renseignement ! En tout une dizaine de blazes !

Je me prends à part et je me tiens le langage suivant :

— Mon San-A. bien-aimé, si tu as pour deux sous de ce que je pense (et tu en as pour des milliards !) tu vas te débrouiller pour affranchir le Dabe coûte que coûte. Il doit être en possession de cette liste aujourd'hui même, sinon des calamités toutes plus calamiteuses les unes que les autres vont arriver dans un proche avenir.

La décision est forte, noble et décisive, mais comment la mettre en application? Nous sommes des *outlaws*[1]. Impossible de s'annoncer dans un bureau de poste et de câbler, d'ailleurs je n'ai plus mon passeport.

Je mendie au ciel une inspiration, lorsque deux ombres se profilent dans la lumière venant de la porte. Frère Béru s'annonce, poussant devant soi, au moyen d'un canon de revolver, Juan Lépino, dit le Suifeux.

— Je t'amène le proprio, plaisante Sa Domination.

Il paraît minuscule, mon Gravos lorsqu'il se tient aux côtés de Lépino. L'attelage ressemble à une vache flanquée de son veau dans les langes.

— Ce tordu se radinait tout plan-plan et heureusement que je surveillais les sabords, sans quoi il fusse arrivé sans cri ni gare sur ton paletot.

— Merci, Chérubin. Il n'y a pas de différence entre

1. En français dans le texte.

toi et un terre-neuve, sinon que le terre-neuve, lui, a les oreilles pendantes et la queue droite !

L'arrivée inopinée de Juan Lépino ne me contriste pas, bien au contraire.

Faut voir la frime du pékin ! Il a la faculté de devenir vert comme un hareng pas frais dès que ça ne tourne plus rond. Il regarde la valoche avec ahurissement. Il ne pige pas que je me sois acharné sur ce pauvre objet de bazar.

— Pourquoi ? balbutie-t-il.

— Tiens, mais vous parlez français ! m'étonné-je.

— Un peu…

Le demi-Gros exulte :

— Chouette, comme disait un hibou, on va pouvoir s'expliquer à la loyale.

Nous pénétrons dans le livinge dont les stores californiens sont baissés et je prie Juan Lépino de s'asseoir en lui refilant un coup de boule dans les maxillaires.

Le cher homme se dit que ses ennuis vont recommencer et il n'est pas loin de la vérité. Dans son dos, Sa Majesté me fait des signes pour attirer mon attention. Je m'approche de lui et il me dit à l'oreille :

— T'as regardé sa chemise ?

— Pourquoi ?

— Regarde…

J'écarte la veste de toile du Suifeux et je fronce mes beaux sourcils si mobiles qu'ils me permettent de faire du morse avec les dames. Il y a une sorte de giclée rouge sur la limace du bonhomme. Pas besoin de faire analyser : c'est du sang. Béru me cligne de l'œil. De sa main bénisseuse il décrit dans l'air l'arc de cercle que fait un coup de sabre et je pige le fin du fin de sa pensée cartésienne. Avec ce groin qui lui tient lieu d'appendice nasal, Béru Ier a tout de suite conclu que Lépino pourrait bien être le zig qui décolla le chef de la toute charmante Conchita. Effectivement, une traînée aussi sanglante, agrémentée d'éclaboussures, ne provient sûrement pas d'une coupure de rasoir ou d'un bouton trop gratté.

— Dis donc, gros lard, je murmure au Suifeux, ça te prend souvent de faire perdre la tête aux jeunes filles ?

Il ouvre des cocards *big* format, ses lèvres, aussi peu ragoûtantes qu'une pattemouille de restaurant à prix fixe, remuent faiblement, mais aucun son n'en sort.

— En piste pour le deux ! annonce mon boy-scout en retroussant ses manches.

Il se prend le menton dans la main et demande d'un ton absorbé :

— Tu te rappelles si j'y ai déjà fait le coup de la bêbête qui monte, qui monte ?

— Je ne crois pas, Gros.

— Et le bûcheron ravageur ?

— Non plus, je m'en souviendrais !

— Et l'âne crevé ?

— Je ne pense pas.

— Le crabe à ressort non plus, San-A. ?

— Non plus, Béru.

— Je pourrais peut-être lui essayer la trique tricoteuse ? Tu te rappelles ? C'est ce qui avait décidé Tomato-Ravioli à se mettre à table ?

— Essaye-le-lui.

Cette mystérieuse énumération qui, en fait, ne correspond à rien de précis, contribue à démoraliser le Suifeux pour qui ces termes sont lourds de menaces.

Béru enfin se décide. Il passe derrière Lépino, lui fait une clé du bras autour du cou et, d'une détente, soulève les trois tonnes du monsieur. La face de Juan vire au violet. Béru le traîne à travers l'appartement, comme un percheron traîne l'alambic du village. Parvenu en face de la cloison du fond, il use de la tronche du malheureux comme d'un bélier et se met à en cogner le mur à plusieurs reprises. Le Suifeux saigne du naze et de la bouche. Béru le laisse tomber sur le parquet. Ensuite de quoi il saisit un fauteuil à bascule et le place à cheval sur sa victime. Il s'assied dans le fauteuil et commence à se balancer. Régulièrement, ses godillots – plus exactement leurs semelles – entrent en contact avec le pif écrasé de Lépino qui geint à fendre une plaque de béton armé.

— Il accepterait peut-être de parler, suggéré-je.

— Oui, oui ! suffoque le Suifeux.

Béru consent à stopper momentanément son balancement.

— Pose-lui les questions que tu veux, gars.

Je m'accroupis auprès du bonhomme.

— C'est toi qui as tué Conchita Danlavaz d'un coup de sabre, hein, ordure ?

— Non, non, *señor* !

— C'est bien les seuls coups de sabre qu'un enfoiré de ce calibre peut flanquer à une dame, méprise le Valeureux en octroyant un coup de savate supplémentaire à l'adipeux. Et faudrait voir à voir qu'y mente pas, biscotte il pourra jamais plus se moucher, biscotte son nez sera parti sans laisser d'adresse, biscotte je l'aurais z'usé z'avec les clous de mes godasses.

Je secoue la chemise ensanglantée du gars.

— Dis, mon lapin, ça, tu ne l'as pas fait en écrasant un moustique ? Ça ne te sert à rien de mentir ; je t'ai posé cette question, histoire de voir si tu étais réglo, car, en fait, je t'ai vu lorsque tu as sauté dans le jardin après avoir décapité Conchita.

Ce gros mec si ce n'est pas la reine des pommes

c'est du moins son grand chambellan. Exactement le genre de quidam auquel un marchand de voitures d'occase brade une 2 chevaux sans moteur en lui faisant croire qu'il s'agit de la nouvelle superproduction de la General Motors. Ma ruse, pourtant grosse comme le tour de taille de Berthe Bérurier réussit. Il ferme à demi les yeux et souffle très fort de son pauvre nez esquinté. On dirait un tracteur embourbé.

— Réponds quand c'est qu'on te cause ! intime Béru.

— Eh bien, oui, *señores*.

— Pourquoi l'as-tu tuée ?

— Elle nous trahissait…

Je ressens un petit picotement à l'endroit dont la plupart des gens se servent pour s'asseoir.

— Tu dis ?

— Ecoutez, j'étais venu chez Luis Ibez-Sanchez, et je l'attendais lorsque je vous ai vus arriver avec Conchita.

J'interromps le narrateur.

— Minute, Pape Pie Onze ! Qui est l'Ibez-Sanchez dont tu parles ?

Gras-Double a les yeux comme un crachoir pas vidé.

— Mais, vous le connaissez !

— On te demande qui t'est-ce ! tonitrue tonton Béru.

Le Suifeux déguste un morceau de semelle en geignant.

— Mais c'est l'homme que vous avez assommé ici même l'autre soir, *señor* !

— Rouflaquettes ! m'exclamé-je. Il a donc survécu, cet escogriffe !

— Oui, *señor*. On lui a posé des points de suture et il va bien.

— Charmé de l'apprendre. Tu disais, Sac à graisse, que tu étais allé chez lui ?

— Oui, nous nous sommes vus chez Paulo Chon cette nuit. Lorsque notre chef a été mort, Ibez-Sanchez m'a dit d'aller l'attendre chez lui pendant qu'il s'occupait de régler certaines questions avec les autres.

— La maison où nous a conduits Conchita, c'était donc la sienne ?

— Parfaitement.

— Et pourquoi t'y conviait-il, ô Himalaya de saindoux ?

— Je l'ignore. En vous apercevant je suis monté au premier et j'ai dit à la négresse de tenir sa langue. D'en haut j'ai écouté votre conversation et j'ai découvert ainsi que cette garce de Conchita nous trompait, puisqu'elle était l'agent de l'ennemi que nous recherchions depuis des semaines !

— Alors ?

— Elle est montée au premier. Je me suis dit qu'en m'apercevant elle vous appellerait et que…

— Et que tu dégusterais encore ?

— Oui. Et puis la colère m'aveuglait. J'ai pris un sabre sur un meuble…

— Tu l'as décapitée par-derrière, tu as sauté par la fenêtre et tu es allé prévenir les flics ?

— *Oui, señor.*

Béru grimace de colère.

— Tu vois, ronchonne mon brave copain, si que ce mec serait pas z'à terre avec moi dessus, j'aurais pas d'escrupules à lui faire déguster son estrait de naissance ! Un foie-vert comme lui, capable de décapiter une belle gosse, y mérite pas de vivre.

Toujours accroupi auprès de l'Enflure, je soupire.

— Nous, Gros, nous méritons de vivre, mais je demande si ça va être possible.

— A cause ?

— Regarde un peu par la fenêtre et tu comprendras.

Il obéit et son rocking-chair fait une embardée.

— Oh ! la vache ! murmure mon Béru.

Par la baie, entre les lattes des stores, les canons de deux mitraillettes sont pointés sur nous : chacun le sien. Et on distingue des types en uniforme à l'autre bout des mitraillettes.

Dans l'encadrement de la lourde surgit soudain un officier de police, revolver au poing, escorté d'un grand maigre à la moustache cirée comme un imperméable.

— Les mains levées ! nous dit le galonné.

— Quel pays ! soupire le Gravos, y a vraiment pas moyen d'être tranquille dix minutes.

Nous nous redressons, avec les pognes en direction de la suspension. Le maigre à moustache calamistrée s'avance alors sur nous, s'arrête à bonne distance afin de ne pas nous servir de paravent, et nous fait signe d'abaisser nos bras afin de pouvoir enchaîner nos poignets.

— On pique un sprinte ? murmure Béru avec le coin de sa bouche.

— Penses-tu, on serait plein de courants d'air en arrivant à la lourde !

Clic-clac. Cic-clac. Enchaînés, les deux canards !

Un qui se manie le prose pour présenter son cahier de réclamations, c'est le Suifeux ! Il se redresse en faisant basculer le fauteuil d'une détente et c'est au Gros qu'il s'en prend. Le voilà qui se met à lui tabasser le portrait à grands coups de poing, à grands coups de tronche, tout en lui martelant les cannes à coups de pied. Sa Protubérance la sent passer ! Quand Lépino s'arrête de biller, le souffle aussi bref que le pépin du père de Charlemagne, la figure de mon cher et vaillant Bérurier ressemble à ces reliquats de boustifaille qu'on aperçoit dans les cages des lions.

Les poulardins se marrent comme des petites baleines en voyant cette pauvre bouille dévastée.

— Avancez ! dit le chef.

Il sait à qui il a affaire car il parle (ou du moins s'efforce de parler) français. Ses mitrailleurs mettent leurs mitraillettes à l'épaule. Il n'y a que lui qui garde son soufflant comme un roi tient son sceptre le jour du couronnement.

Solidement encadrés, nous filons en direction de la route lorsque nous voyons un grand zig s'avancer vers nous en poussant une ombre aussi longue que lui.

L'arrivant n'est autre que Rouflaquettes. Il porte un pansement sale à la tête et ses mâchoires saillantes donneraient à croire qu'il réussi à se fourrer un cintre à habits dans la margoulette.

Le Suifeux qui nous escortait en palabrant lui lance sur le mode joyeux une tirade qui doit exprimer son triomphe.

Cette fois c'est à bibi qu'on s'en prend. C'est San-A. qui a droit à la vengeance maison. Ibez-Sanchez se jette sur moi en vociférant. Il me secoue comme un verger de pruniers. Mais, à ma vaste stupeur, tout en me molestant, il me murmure :

— Attention ! prévenez votre ami ; lorsque je crierai, il faudra vous jeter à plat ventre.

De tels mots dans une telle situation et à un tel moment vous font entrevoir ce qu'a dû être la surprise de *miss Jane of Arc*, quand elle a entendu l'archange lui conseiller de laisser quimper sa paire de quenouilles et d'aller se bigorner contre les Rosbifs ! Holà, mes seigneurs, qu'est-ce à dire ?

Rouflaquettes me laisse soudain, puis il s'approche de l'officier et se met à baragouiner à toute pompe en montrant tour à tour son pansement et la mitraillette d'un des hommes.

Je ne pige pas tout de suite, mais la puissance du geste est si forte que je finis par comprendre qu'il réclame une mitraillette afin de me faire péter la hure à coups de crosse comme je fis péter la sienne naguère. Au début, l'officier dit non, mais le Suifeux joint ses réclamations à celle de son camarade. Les types de Chon doivent être craints des matuches officiels, car l'officier dit un mot à l'un de ses joyeux troupiers et l'homme tend sa seringue à répétition. Rouflaquettes s'en saisit. Je remarque qu'il remonte le cran de sûreté. Il recule comme pour prendre son élan. Je m'avise alors que, tout à mon émotion, je n'ai pas prévenu le gros. Comment l'alerter sans alerter les autres qui parlent français ?

Notre parler pittoresque est la seule issue.

— Rouflaquettes va balancer le potage, Gros. Dès qu'il poussera sa goualante, tu planqueras ta bidoche sur le gazon !

— Ah ! bon, dit le Gros.

Maintenant, Rouflaquettes est paré. Les autres, intrigués, se demandant ce qu'il va faire.

— Attention ! hurle-t-il.

Béru et moi-même, fils unique et préféré de Félicie, on se jette à plat ventre. Le temps de compter jusqu'à la moitié d'un et ça part. Je m'occupe pas de savoir dans quel sens il commence l'arrosage, Rouflaquettes ! Il vaporise à tout-va, jusqu'à ce que sa boutique soit vide. Ça gueule, ça s'affale un peu partout.

Je sens du sang chaud (comme dit Pança) sur ma joue. Je prends une masse sur les jambes. C'est le Suifeux qui vient de se détériorer complètement.

Un nuage de poudre flotte dans l'air à la ronde. Je redresse la tête en même temps que Béru. Autour de nozigues c'est le méchant carnage. L'officier a paumé ses tripes. Lépino a essayé d'arrêter deux bastos avec sa cervelle, mais elles sont passées au travers tout de même. L'idiot qui a donné sa mitraillette râle en se tordant sur le sol. Son pote à moustache cirée, lui, est à genoux et essaie d'arrêter de ses mains pressées contre sa poitrine une formide hémorragie. Le dernier poulet a sûrement été servi en priorité car il a encore sa mécanique sur l'épaule, mais il est mort au point que la statue équestre de Louis XIV à côté de lui, aurait l'air d'un danseur de twist en pleine action.

Béru regarde Ibez-Sanchez.

— Et à part ça, m'sieur le comte, lui demande mon camarade, qu'est-ce que vous savez faire avec une mitraillette ?

CHAPITRE XIV

— Pressons ! ordonne Ibez-Sanchez.

Ce n'est plus le grand tordu patibulaire que, par deux fois, j'ai tabassé. A deux reprises, j'ai mis des gnons à ce garçon et, au lieu de m'assaisonner lorsqu'il en a l'occasion, bien au contraire, il me sauve la mise.

Nous rejoignons la route où se trouve une camionnette.

— Montez !

— Avec nos paluches toujours entravées, nous n'avons pas une grande facilité de manœuvre.

— On aurait pu prendre la clé des menottes, suggère Béru.

— Le temps presse, on s'arrangera autrement !

Nous voici installés tous trois dans la calèche. Démarrage foudroyant, style Fangio.

— Vous foncez à la vitesse d'un siphon ! apprécie Bérurier.

— Il doit y avoir des pinces dans la boîte à gants ! murmure Rouflaquettes. Vous auriez dû conserver la clé que je vous ai lancée dans la cellule de Paulo Chon ; ici la serrure des cabriolets est universelle.

— Comment ! C'était vous ?

— Oui. C'était tout ce que je pouvais tenter pour

vous. Mais ça n'a pas été inutile, d'après ce que j'ai vu.

— Qui êtes-vous ? demande Béru.

— Walter Scotch, des services secrets américains.

— J'aime mieux ça, dis-je en sortant une paire de pinces de la boîte à gants. Et où nous conduisez-vous ?

— J'ai pu envoyer un message à Washington tout à l'heure. J'ai demandé qu'on m'envoie un avion dans la lande, à Pinar Rosso ; si tout est O.K., nous pourrons filer de ce foutu pays d'ici une paire d'heures.

Grâce aux pinces je viens de briser la chaîne de Béru. Il lui reste un charmant bracelet agrémenté d'une chaînette à chaque poignet, mais il a du moins récupéré l'usage de ses poignes. Il me rend le même service.

— Dites, Scotch, je m'excuse pour mes matraquages ; je ne pouvais pas savoir…

— Ben voyons, fait-il avec un haussement d'épaules.

Il semble maussade. J'ai l'impression qu'il m'en veut. Je lui pose carrément la question et il me déclare :

— Excusez-moi, mais il y a de ça en effet. Pour vous tirer du pétrin je n'ai pas rempli mon programme.

— Qui était ?

— Je voulais enlever Juan Lépino et l'emmener aux U.S.A.

— Pour quoi faire ?

— Je pensais qu'il pourrait, pour peu qu'on sache le questionner, fournir des indications à propos des complices de Pointe-à-Pitre. Vous êtes au courant ?

Je rigole comme une gargouille un jour d'orage.

— Vous me permettrez de mettre leur liste complète dans la corbeille de mariage, *dear* Walter.

— *What do you say ?* tonne Scotch.

Je sors de ma poche la feuille de papier pelure et je la lui braque sous le nez. Il décrit une embardée qui manque de nous faire percuter le parapet d'un point.

— Où l'avez-vous trouvée, *my dear* ?

— Dans la valise que vous étiez allé chercher chez Conchita.

Il se tait, hoche la tête et murmure au bout d'un instant :

— Je suis un damné crétin, commissaire San-Antonio.

Il faudrait m'envelopper la cervelle dans une blague à tabac étanche pour m'empêcher de me dire que ce type tarde un peu à me couler du sirop de vérité dans les trompes d'Eustache.

Mais peut-on « secouer » un garçon qui vient de mettre en l'air (ou plutôt en terre) trois ou quatre flics pour vous sortir du maverdavier ? Heureusement, le Gros, qui n'a pas ces soucis de bienséance, se charge d'assumer la responsabilité du premier questionnaire :

— Dites voir, mon cher Ouestère, vous allez sûrement pouvoir allumer notre lanterne. On se demande des trucs depuis qu'on a débarqué dans cette île à la noix de coco pas mûre !

Il sourit.

— Je m'en doute. Seulement je ne pouvais guère vous être utile, ma mission consistant à démasquer le réseau guadeloupéen chargé de détruire notre base secrète.

Le Mahousse va débloquer, alors je préfère prendre le crachoir en marche.

— La vérité sur Conchita ? je demande.

— L'âme damnée de Paulo Chon !

— Dire qu'on y aurait refilé le bon Dieu sans confession, soupire le Gros. Elle avait une frimousse presque aussi sympa que la copine Infiltration.

Nous sommes maintenant loin de toute agglomération et nous roulons dans une savane pelée où végètent de maigres arbres aussi rachos qu'un sous-chef de service du ministère des Travaux en cours d'annulation. Scotch mate son rétroviseur à tout bout de champ, redoutant de voir rappliquer la Rousse.

— Je vous en prie, dis-je, puisque vous nous avez sauvé la vie, ne nous laissez pas mourir de curiosité, ce serait immoral.

Il y a un grand rire qui lui vient du bide. Walter Scotch, c'est quelqu'un de bien. Il a dû subir le vache entraînement des agents secrets de choc. On lui a enseigné le stoïcisme plutôt que le pakistanais chanté.

— Eh bien, dit-il, ça peut se faire. Danlavaz faisait des études en France…

— Je connais !… coupé-je, manière de lui prouver que j'en sais cinquante centimètres sur la question. Fille de planteur assassiné, elle veut s'enrôler dans la rébellion, etc.

— C'est ce qu'elle a essayé d'accréditer. Elle appartenait en fait aux services révolutionnaires cuhaltiers et elle a voulu, sur l'ordre du diabolique Paulo Chon, s'enrôler dans nos services à nous. Pour cela, elle a travaillé par la bande en se faisant recommander par notre chef…

— Je comprends. Alors ?

— Seulement, votre *big boss* n'est pas un idiot et il nous a conseillé de nous tenir sur nos gardes. Aux *States*, on a feint de croire la gosse… On l'a expédiée ici et tout…

— Mais mon bon ami Walter Scotch se trouvait déjà à pied d'œuvre, prêt à intervenir en cas d'arnaque ?

— Voilà, *old beau*, très *exactly*. Je passais pour un terrible militant du barbu et je n'ai pas eu de difficulté à devenir son copain de cœur… Un joli petit lot, cette Conchita, non ?

— Formidable ! *After ?*

— J'ai tout de suite vu ce qu'elle bricolait. C'était une fille à la solde de Chon.

— Bon, parlons de la Guadeloupe.

Il pilote, dents serrées, insensible aux ornières du chemin, de plus en plus profondes, qui nous font sauter jusqu'au plafond de la camionnette.

— Ça été le coup *very* dur, *my boy*.

— Because ?

— Lorsque j'ai constaté les entrevues du premier vendredi, j'ai naturellement envoyé un message à Washington. Mon *boss* a alors prévenu le vôtre en lui demandant d'enquêter à Pointe-à-Pitre. Mais ça n'a rien donné, alors votre chef a sans doute voulu nous donner une leçon de police et il a fait enquêter de son côté. Pour cela il a envoyé un zèbre ici.

— Tepabosco ?

— *Yes*, Tepabosco.

Il sourit et récite :

— Casimodus Tepabosco… C'est ce damné garçon qui a tout fichu par terre.

— Comment cela ?

— Un bon numéro de music-hall peut-être, poursuit Scotch, mais, à coup sûr, un piètre espion.

Béru s'exclame :

— Moi, quand le Vioque nous a causé de c'tordu je m'ai dit – tout à fait en appartement, car not' Dabe supporterait pas la contravention – Alexandre, on s'intronise pas agent secret commak. Monseigneur la casquette en peau de fesses a fait une couennerie en…

Un coup de saton dans les jarrets lui fait pousser un cri qui n'est que le prélude à son silence. Expliquez-vous ? Walter, encouragé-je.

— Il s'est fait repérer immédiatement au *Dubonn e Sinzano*. D'autant plus qu'il se rendait dans l'immeuble d'en face où j'avais discrètement loué une chambre permettant d'observer l'hôtel, Ce *stupid boy* examinait à la jumelle, accoudé à la fenêtre, *you see ?*

— Quelle patate !

Exclamation bérurienne ! L'autre poursuit tout en gardant le champignon collé au plancher de la charrette :

— Il a été épinglé en revenant à l'hôtel. Il a eu droit à la question et…

— Il a parlé ?

— Oui. Après quoi, Pepito, le gaillard de Chon, l'a étranglé.

— Passionnant. Mais alors ?

— Attendez ! Avant de mourir, le Roumain avait jeté la panique dans les services de Paulo, car il avait déclaré qu'un agent étranger surveillait les agissements de Chon. Cet agent, Chon et surtout Conchita voulaient le découvrir coûte que coûte. C'est cette petit garce qui a eu l'idée de l'accident.

— Comment cela ?

— On a pris un gars qui ressemblait plus ou moins au Roumain, on lui a collé l'identité du mort et il s'est jeté sous un vélo, on a prétendu qu'il était grièvement blessé et on l'a expédié à l'hôpital en pensant qu'il servirait d'appât. Conchita a prévenu le chef de France et tout le monde s'est mis à attendre.

Il me flanque un coup de coude.

— C'est vous qui êtes arrivés, *my boys*.

Et il rigole comme s'il trouvait ça très malin.

Béru Ier en conçoit une humeur chagrine.

— Oubliez quand même pas que c'est nous qu'on a mis la paluchette sur la liste des gnaces de Pointe-à-

Clown, Whisky, murmure-t-il d'un ton plus figue que raisin.

On ne va tout de même pas s'offrir une lutte de prestige. Surtout que nous sommes loin d'avoir les pieds au sec.

Je commence à avoir un superbe panoramique sur cette fichue affaire, avec eau chaude, eau froide et vue sur la mer.

— Oubliez pas non plus que si en ce moment un crocodile a la diarrhée, c'est grâce à nous z'aussi, qu'on lui a donné à déguster ce salaud de Traversin !

Walter étend son bras par-dessus moi et donne une bourrade dans la poire tuméfiée de Bérurier.

— O.K., *baby*, vous êtes un crack ! dit-il.

— Comment se fait-il que Conchita nous ait permis de fuir chez Paulo Chon ? rêvassé-je.

— C'était une fille qui ne tournait pas sept fois sa cervelle sous son joli crâne avant d'agir. Elle voulait vous donner cette comédie pour essayer d'apprendre par vous qui était l'agent secret.

— Mais nous l'ignorions !

— Elle espérait que vous finiriez par extorquer le renseignement à votre *boss*, vieux haricot !

— C'est elle qui l'a prévenu que nous étions prisonniers ?

— Non. Mais votre chef, s'il est crâneur, a quelque chose dans le crâne. Il s'est méfié et s'est mis immédiatement en contact avec nos services qui lui ont conseillé de faire la réponse que vous savez...

Je me dis que cette fois j'ai à peu près bouclé la boucle. Cependant un point d'interrogation, format réverbère, subsiste :

— Le suicide de Tepabosco ? Vous pouvez m'éclairer ? Vous m'avez dit que les autres l'avaient trucidé, ce serait sa doublure qui aurait sauté par la fenêtre ?

— Non, mon *dear* collègue. C'est bien lui…

— Mais…

— Pour que sa mort ait l'air naturelle, on l'a ramené discrètement au *Dubonn e Sinzano*. Cet hôtel est un bastion des Castrés.

— Et on l'a fichu par la fenêtre quand je suis venu enquêter ?

— *Yes*.

— Mais…

— *Yes*.

— Mais…

— *Pas depuis la chambre où vous êtes entré, mais de celle du dessus ! Vous pigez l'astuce ? Vous avez cru avoir la preuve par 9 qu'il s'agissait réellement d'un suicide, alors qu'on jetait le cadavre de l'étage supérieur*. Bien combiné, non ?

J'opine :

— Pas mal.

Walter Scotch pousse un juron. Comme à cet instant précis il est en train de regarder son rétroviseur, je pige tout de suite et le Gros itou.

— On a du peuple au panier ? demande-t-il. Tout en parlant il s'est penché par sa portière. Une balle siffle à ses oreilles.

— Deux bagnoles bourrées de poulardins ! annonce-t-il flegmatiquement. Ah ! les tantes ! Y craignent pas la chaleur !

CHAPITRE XV

— C'est encore loin, votre zoiseau ? demande Béru à Walter Scotch.

— Encore une bonne dizaine de *miles*.

— Une dizaine de milliers de kilomètres ! s'étrangle l'Enflure. Mais c'est pas une camionnette qu'aurait fallu, c't une fusée !

Scotch ne fait aucun commentaire. L'œil fixe, il ne perd pas de vue son rétroviseur.

— Ils se rapprochent ? fais-je.

— *Yes, my dear*.

Les pruneaux continuent de miauler dans l'air chauffé à blanc. Parfois une balle frappe la carrosserie, mais sans efficacité, la distance qui nous sépare étant encore trop grande.

— Vous n'avez pas d'armes ? m'inquiété-je.

— Si, à l'arrière, dans un caisson, il y a des mitraillettes.

— Que ne le disiez-vous !

— C'est que je ne vois guère comment, à trois, nous pourrions soutenir un siège contre une bonne douzaine de gaillards !

Je sonde désespérément le paysage. A quelques kilomètres de nous, la route décrit une courbe pour éviter un amoncellement de rochers. C'est un horizon de western et les films de ma jeunesse se mettent à grouiller dans ma mémoire.

— J'ai une idée, Walter.

J'enjambe le dossier de la banquette et je fonce ouvrir le coffiot. Il est plein de bonnes friandises : deux Thomson avec des provisions de rechange et de recharge, plus quelques pétards en guise de garniture. Je lance la mitraillette à Bérurier ainsi qu'un paquet de chargeurs. Quant à moi je prends l'autre sulfateuse et je bourre mes profondes de balles.

La camionnette vole littéralement sur la mauvaise route. Parfois un parpaing frappe le châssis. Si on n'éclate pas on aura de la veine.

Je désigne les rochers ocre qui se dressent devant nous.

— Tout de suite après le virage vous ralentirez pour que je puisse sauter, dis-je à Scotch.

— Pourquoi sauter ?

— Je m'embusquerai dans les rochers et je les assaisonnerai au passage. Si j'arrive à crever leurs boudins ce sera O.K. Vous m'attendrez un peu plus loin, vu ?

— *Vu, baby*.

Ces salopards de flics gagnent nettement sur nous. Les balles cognent avec plus de force.

Le virage arrive. A cet endroit, la route a été taillée dans le roc et elle est si étroite que notre véhicule a tout juste la place pour passer.

Coup de frein brutal de l'Américain. J'étais prêt, je saute. J'ai une faculté d'enregistrer la topographie d'un lieu absolument fantastique (merci). En trois secondes j'ai décidé ce que j'allais faire. La route descend brusquement entre les rochers. Puis, après, c'est de nouveau la plaine brûlée, avec sa rare végétation.

Je reçois une secousse dans les cannes en touchant

le sol. A deux mètres de là il y a un gros rocher, en surplomb. J'y cours. Déjà j'entends, présent, le ronflement des moteurs. Ma mitraillette colle à mes mains à cause de la sueur. J'ai le traczir – pourvu que le joujou ne s'enraye pas ! Cela arrive souvent, ça m'est arrivé. Le jour où cet incident s'est produit, je me trouvais en face du canon et je bénissais le ciel pour cet incident technique.

Ça y est, les gars ! C'est ici qu'on va savoir si ma bonne étoile se fait reluire. La chance, faut lui poser des colles pour voir si elle vous colle toujours au prose.

Les tires de nos poursuivants sont des bagnoles tout terrain, avec des roues à gros dessins, presque aussi fortes que des roues de tracteur. Je décide que ma première giclée sera pour elles. Honnêtement, je préférerais avoir dans les mains une carabine de compétition. Ça fait moins d'effet, mais on fait un meilleur travail.

Comme je vise, je me rends compte que j'ai une chance sur je ne sais pas combien d'atteindre la roue. Les ailes sont très plongeantes. Bon, tant pis pour lui, ce sera le conducteur.

J'appuie sur la détente. La mitraillette se met à trépider dans mes mains. Une rafale part. Le pare-brise vole en éclats et les bonhommes entassés sur le siège avant se mettent à se tortiller comme des perdus. Privée de direction, l'auto percute le rocher. Celle qui la suivait ne peut freiner à temps, et c'est le carambolage. La confusion est indescriptible.

Je quitte mon poste et je me mets à foncer entre les rochers. Les autres ne me voient pas tout de suite. D'ailleurs, ils doivent être contusionnés. Mais, bientôt, je me retrouve en terrain découvert et, alors, ça se met à vaser sec. Je fuis, le dos rond, en faisant des sauts à droite et à gauche. Tout là-bas, Walter

Scotch s'est arrêté et je le vois qui fait marche arrière, le digne homme. Chaque seconde dure une vie ! Je m'étonne de ne pas morfler une valda. Ils tirent comme des manches, les archers cuhaltiers ! C'est pas demain qu'ils feront premiers au Concours international de tir au pigeon de Montfort-l'Amaury !

Je me dis que chaque mètre parcouru est un bon point pour ma carcasse. Et je les additionne, les mètres, avec une bonne volonté farouche. C'est du grand art.

Ouf ! voilà la calèche ! Béru tient la portière ouverte.

— Monsieur fait du stop ? rigole-t-il. Nous allons à Montrouge, si c'est vot' chemin…

Je m'effondre sur la banquette. J'ai le palpitant qui me remonte dans le gosier et on pourrait tordre mes vêtements.

— Beau travail, San-Antonio ! apprécie Walter Scotch. On aurait dit le diable.

Il appuie et bientôt nous perdons de vue le défilé.

— Ils en auront pour cinq à dix minutes à déblayer le chemin, fais-je. Essayez de mettre ce sursis à profit.

*
* *

L'avion est déjà là lorsque nous débouchons sur ce plateau carbonisé. C'est un Nice-Tongue-For-69 à turbot mayonnaise.

Nous fonçons à l'intérieur de l'appareil dont les moteurs tournent déjà.

— Attachez vos ceintures ! fait le pilote.

— Avec plaisir, dit Béru.

Un instant plus tard, l'appareil décolle impeccablement, salué par des rafales de balles dérisoires. Nos ouistitis trépignent, en bas, dans leurs charrettes cabossées. En deux coups de cuillère à pot c'est l'infini bleu du ciel avec, au-dessous de nous, la mer couleur de myosotis. L'île de Cuho s'estompe déjà dans une brume dorée.

— Vu d'ici, murmuré-je, on dirait le paradis terrestre.

— Y avait de ça, bêle Béru. Je pense à ma petite Incarcération. Dire que je la reverrai plus jamais ! Vois-tu, je m'en ressentais vachement pour elle !

Moi, c'est à Conchita Danlavaz que je pense. Une sacrée fille, tout de même, et qui n'avait pas plus froid aux yeux qu'au valseur. Seulement, ce qui l'a perdue, c'est son goût du mensonge. Si elle n'avait pas monté son cinoche pour essayer de nous posséder, elle vivrait peut-être encore. C'est ce qu'on peut appeler une ironie du sort, non ?

Dans le poste de pilotage, la radio grésille. C'est notre ami Walter Scotch qui est en train de refiler en code les noms des conjurés guadeloupéens...

Au bout d'un moment, il revient s'asseoir près de nous avec le sourire Colgate de l'homme détendu.

— Que diriez-vous d'un petit drink ? murmure-t-il.

Un solide ronflement de Bérurier répond à cette aimable question. Scotch sourit et dévisse le bouchon d'une bouteille d'homonyme. On s'en octroie deux fortes lampées. Le glouglou réveille le Gravos en sursaut.

Pendant qu'il biberonne, Walter murmure :

— Les services sont maintenant au courant de la situation. Reste à savoir si la mort de Paulo Chon et de ses subordonnés va faire surseoir à l'attaque de la base secrète. Chon vous disait qu'elle aurait lieu dans trois jours ?

— Oui.

— Conchita m'avait annoncé qu'elle partait en voyage ; sans doute se rendait-elle à Pointe-à-Pitre.

— Probable, en effet ; c'est ce qui expliquerait qu'elle eût en sa possession la liste des gars de là-bas.

Le voyage s'effectue le mieux du monde et ce sont trois types dans une forme idéale qui envahissent le buffet de l'aéroport de La Nouvelle-Orléans. On se commande des hamburgers *with french fried potatoes* et de la bière.

Béru fait un peu la bouille, car il n'y a pas de vin français dans l'établissement.

— Enfin, se console-t-il, demain on ira écluser du beaujolpif de l'année au troquet de Mme Pinaud.

Mais, au dessert, un officier s'approche de notre table.

— Walter Scotch ? fait-il.

— *Yes*, répond l'interpellé en anglais.

L'officier se présente :

— Lieutenant Quentin Durward. Je viens de recevoir de Washington un câble pour vous.

Il tend le message à notre collègue, qui le prend, qui le lit, qui le relit, qui le rumine et qui me le tend.

— Voici qui vous concerne aussi, *my dear*.

Je ligote, et mes traits doivent se transformer à vue d'œil.

A l'agent Walter Scotch, aéroport de New Orleans, Louis.

Bravo. Bon travail.

Restez sur place, vous envoyons instructions et renforts pour opération à Pointe-à-Pitre. En accord avec Services français, devez vous assurer collaboration commissaire San-Antonio et son adjoint pour cette action en territoire français.

Colonel W. C. GOG.

— Tu vois, articule Béru, la bouche pleine, cette

viande est pas mauvaise, mais c'est le goût qui y est pas. Y z'ont donc pas d'ail, d'oignon et de persil dans ce bled ? Ah, vivement demain qu'on se cogne un vrai gueuleton, misère !

Je le laisse avaler avant de lui dire.

Je ne voudrais pas que mon cher Béru meure d'étouffement.

Un guide de lecture inédit élaboré
par Raymond Milési

REMONTEZ LE FLEUVE AVEC LE COMMISSAIRE SAN-ANTONIO

La première aventure du commissaire San-Antonio est parue en 1949. Peu à peu, ce personnage au punch et à la sincérité extraordinaires a pris dans le cœur des lecteurs de tous âges une place si importante qu'on peut parler à son sujet de véritable *phénomène*. Qu'il s'agisse de son exceptionnel succès dans l'édition ou de l'enthousiasme qu'il provoque, on est en droit de le situer — et de loin — au premier rang des « héros littéraires » de notre pays.

1. Bibliographie des aventures de San-Antonio

A) La série

Jusqu'en 2002, la série était disponible dans une collection appelée « *San-Antonio* », abrégée en « **S-A** », **avec une numérotation qui ne tenait pas compte – pour une bonne partie – de l'ordre originel des parutions.**

La collection garde le même nom mais, à partir de 2003, **sa numérotation va respecter l'ordre chronologique.**

Dès lors, la bibliographie ci-après se consulte de la façon suivante :

- En tête apparaît le numéro « chronologique », celui qui figure sur chaque roman réimprimé *à partir de 2003*.
- Après le titre vient, entre parenthèses, la date de première publication.
- Puis est indiquée la collection d'origine (Spécial Police de 1950 à 1972 et **S-A avec l'ancienne numérotation** : reprises et originaux de 1973 à 2002).
- O.C. signale que le titre a été réédité dans les Œuvres Complètes, le numéro du tome étant précisé en chiffres romains.

■■■■■■■■■■■■■■■

1. **RÉGLEZ-LUI SON COMPTE** (1949)
   (S-A 107) – O.C. XXIV
2. **LAISSEZ TOMBER LA FILLE** (1950)
   Spécial-Police 11 – **(S-A 43)** – O.C. III
3. **LES SOURIS ONT LA PEAU TENDRE** (1951)
   Spécial-Police 19 – **(S-A 44)** – O.C. II
4. **MES HOMMAGES À LA DONZELLE** (1952)
   Spécial-Police 30 – **(S-A 45)** – O.C. X
5. **DU PLOMB DANS LES TRIPES** (1953)
   Spécial-Police 35 – **(S-A 47)** – O.C. XII
6. **DES DRAGÉES SANS BAPTÊME** (1953)
   Spécial-Police 38 – **(S-A 48)** – O.C. IV
7. **DES CLIENTES POUR LA MORGUE** (1953)
   Spécial-Police 40 – **(S-A 49)** – O.C. VI

8. **DESCENDEZ-LE À LA PROCHAINE** (1953)
Spécial-Police 43 – **(S-A 50)** – O.C. VII

9. **PASSEZ-MOI LA JOCONDE** (1954)
Spécial-Police 48 – **(S-A 2)** – O.C. I

10. **SÉRÉNADE POUR UNE SOURIS DÉFUNTE** (1954)
Spécial-Police 52 – **(S-A 3)** – O.C. VIII

11. **RUE DES MACCHABÉES** (1954)
Spécial-Police 57 – **(S-A 4)** – O.C. VIII

12. **BAS LES PATTES !** (1954)
Spécial-Police 59 – **(S-A 51)** – O.C. XI

13. **DEUIL EXPRESS** (1954)
Spécial-Police 63 – **(S-A 53)** – O.C. IV

14. **J'AI BIEN L'HONNEUR DE VOUS BUTER** (1955)
Spécial-Police 67 – **(S-A 54)** – O.C. VIII

15. **C'EST MORT ET ÇA NE SAIT PAS** (1955)
Spécial-Police 71 – **(S-A 55)** – O.C. XIII

16. **MESSIEURS LES HOMMES** (1955)
Spécial-Police 76 – **(S-A 56)** – O.C. II

17. **DU MOURON À SE FAIRE** (1955)
Spécial-Police 81 – **(S-A 57)** – O.C. XV

18. **LE FIL À COUPER LE BEURRE** (1955)
Spécial-Police 85 – **(S-A 58)** – O.C. XI

19. **FAIS GAFFE À TES OS** (1956)
Spécial-Police 90 – **(S-A 59)** – O.C. III

20. **À TUE... ET À TOI** (1956)
Spécial-Police 93 – **(S-A 61)** – O.C. VI

21. **ÇA TOURNE AU VINAIGRE** (1956)
Spécial-Police 101 – **(S-A 62)** – O.C. IV

22. **LES DOIGTS DANS LE NEZ** (1956)
Spécial-Police 108 – **(S-A 63)** – O.C. VII

23. **AU SUIVANT DE CES MESSIEURS** (1957)
Spécial-Police 111 – **(S-A 65)** – O.C. IX

24. **DES GUEULES D'ENTERREMENT** (1957)
Spécial-Police 117 – **(S-A 66)** – O.C. IX

25. **LES ANGES SE FONT PLUMER** (1957)
Spécial-Police 123 – **(S-A 67)** – O.C. XII

26. **LA TOMBOLA DES VOYOUS** (1957)
Spécial-Police 129 – **(S-A 68)** – O.C. IV

27. **J'AI PEUR DES MOUCHES** (1957)
Spécial-Police 141 – **(S-A 70)** – O.C. I

28. **LE SECRET DE POLICHINELLE** (1958)
Spécial-Police 145 – **(S-A 71)** – O.C. III

29. **DU POULET AU MENU** (1958)
Spécial-Police 151 – **(S-A 72)** – O.C. V

30. **TU VAS TRINQUER, SAN-ANTONIO** (1958)
Spécial-Police 157 – **(S-A 40)** – O.C. V
(tout en pouvant se lire séparément, ces deux derniers romans constituent une même histoire en deux parties)

31. **EN LONG, EN LARGE ET EN TRAVERS** (1958)
Spécial-Police 163 – **(S-A 7)** – O.C. XIII

32. **LA VÉRITÉ EN SALADE** (1958)
Spécial-Police 173 – **(S-A 8)** – O.C. VI

33. **PRENEZ-EN DE LA GRAINE** (1959)
Spécial-Police 179 – **(S-A 73)** – O.C. II

34. **ON T'ENVERRA DU MONDE** (1959)
Spécial-Police 188 – **(S-A 74)** – O.C. VII

35. **SAN-ANTONIO MET LE PAQUET** (1959)
Spécial-Police 194 – **(S-A 76)** – O.C. IX

36. **ENTRE LA VIE ET LA MORGUE** (1959)
Spécial-Police 201 – **(S-A 77)** – O.C. IX

37. **TOUT LE PLAISIR EST POUR MOI** (1959)
Spécial-Police 207 – **(S-A 9)** – O.C. XIII

38. **DU SIROP POUR LES GUÊPES** (1960)
Spécial-Police 216 – **(S-A 5)** – O.C. II

39. **DU BRUT POUR LES BRUTES** (1960)
Spécial-Police 225 – **(S-A 15)** – O.C. IX

40. **J'SUIS COMME ÇA** (1960)
Spécial-Police 233 – **(S-A 16)** – O.C. VI

41. **SAN-ANTONIO RENVOIE LA BALLE** (1960)
Spécial-Police 238 – **(S-A 78)** – O.C. VII

42. **BERCEUSE POUR BÉRURIER** (1960)
Spécial-Police 244 – **(S-A 80)** – O.C. IV

43. **NE MANGEZ PAS LA CONSIGNE** (1961)
Spécial-Police 250 – **(S-A 81)** – O.C. XI

44. **LA FIN DES HARICOTS** (1961)
Spécial-Police 259 – **(S-A 83)** – O.C. X

45. **Y A BON, SAN-ANTONIO** (1961)
Spécial-Police 265 – **(S-A 84)** – O.C. VIII

46. **DE « A » JUSQU'À « Z »** (1961)
Spécial-Police 273 – **(S-A 86)** – O.C. XII

47. **SAN-ANTONIO CHEZ LES MAC** (1961)
Spécial-Police 281 – **(S-A 18)** – O.C. VII

48. **FLEUR DE NAVE VINAIGRETTE** (1962)
Spécial-Police 293 – **(S-A 10)** – O.C. I

49. **MÉNAGE TES MÉNINGES** (1962)
Spécial-Police 305 – **(S-A 11)** – O.C. IX

50. **LE LOUP HABILLÉ EN GRAND-MÈRE** (1962)
Spécial-Police 317 – **(S-A 12)** – O.C. X

51. **SAN-ANTONIO CHEZ LES « GONES »** (1962)
Spécial-Police 321 – **(S-A 13)** – O.C. V

52. **SAN-ANTONIO POLKA** (1963)
Spécial-Police 333 – **(S-A 19)** – O.C. V

53. **EN PEIGNANT LA GIRAFE** (1963)
Spécial-Police 343 – **(S-A 14)** – O.C. II

54. **LE COUP DU PÈRE FRANÇOIS** (1963)
Spécial-Police 358 – **(S-A 21)** – O.C. XI

55. **LE GALA DES EMPLUMÉS** (1963)
Spécial-Police 385 – **(S-A 41)** – O.C. V

56. **VOTEZ BÉRURIER** (1964)
Spécial-Police 391 – **(S-A 22)** – O.C. I

57. **BÉRURIER AU SÉRAIL** (1964)
Spécial-Police 427 – **(S-A 87)** – O.C. III

58. **LA RATE AU COURT-BOUILLON** (1965)
Spécial-Police 443 – **(S-A 88)** – O.C. I

59. **VAS-Y BÉRU** (1965)
Spécial-Police 485 – **(S-A 23)** – O.C. VIII

60. **TANGO CHINETOQUE** (1966)
Spécial-Police 511 – **(S-A 24)** – O.C. VI

61. **SALUT, MON POPE !** (1966)
Spécial-Police 523 – **(S-A 25)** – O.C. X

62. **MANGE, ET TAIS-TOI !** (1966)
Spécial-Police 565 – **(S-A 27)** – O.C. XII

63. **FAUT ÊTRE LOGIQUE** (1967)
Spécial-Police 577 – **(S-A 28)** – O.C. X

64. **Y'A DE L'ACTION !** (1967)
Spécial-Police 589 – **(S-A 29)** – O.C. XIII

65. **BÉRU CONTRE SAN-ANTONIO** (1967)
Spécial-Police 613 – **(S-A 31)** – O.C. XII

66. **L'ARCHIPEL DES MALOTRUS** (1967)
Spécial-Police 631 – **(S-A 32)** – O.C. XI

67. **ZÉRO POUR LA QUESTION** (1968)
Spécial-Police 643 – **(S-A 34)** – O.C. XIII

68. **BRAVO, DOCTEUR BÉRU** (1968)
Spécial-Police 661 – **(S-A 35)** – O.C. XIV

69. **VIVA BERTAGA** (1968)
Spécial-Police 679 – **(S-A 37)** – O.C. XIV

70. **UN ÉLÉPHANT, ÇA TROMPE** (1968)
Spécial-Police 697 – **(S-A 38)** – O.C. XIV

71. **FAUT-IL VOUS L'ENVELOPPER ?** (1969)
Spécial-Police 709 – **(S-A 39)** – O.C. XIV

72. **EN AVANT LA MOUJIK** (1969)
Spécial-Police 766 – **(S-A 89)** – O.C. XIV

73. **MA LANGUE AU CHAH** (1970)
Spécial-Police 780 – **(S-A 90)** – O.C. XV

74. **ÇA MANGE PAS DE PAIN** (1970)
Spécial-Police 829 – **(S-A 92)** – O.C. XV

75. **N'EN JETEZ PLUS !** (1971)
Spécial-Police 864 – **(S-A 93)** – O.C. XV

76. **MOI, VOUS ME CONNAISSEZ ?** (1971)
Spécial-Police 893 – **(S-A 94)** – O.C. XV

77. **EMBALLAGE CADEAU** (1972)
Spécial-Police 936 – **(S-A 96)** – O.C. XVI

78. **APPELEZ-MOI CHÉRIE** (1972)
Spécial-Police 965 – **(S-A 97)** – O.C. XVI

79. **T'ES BEAU, TU SAIS !** (1972)
Spécial-Police 980 – **(S-A 99)** – O.C. XVI

80. **ÇA NE S'INVENTE PAS** (1973)
(S-A 1) – O.C. XVI

81. **J'AI ESSAYÉ, ON PEUT** (1973)
(S-A 6) – O.C. XVII

82. **UN OS DANS LA NOCE** (1974)
(S-A 17) – O.C. XVII

83. **LES PRÉDICTIONS DE NOSTRABÉRUS** (1874)
(S-A 20) – O.C. XVII

84. **METS TON DOIGT OÙ J'AI MON DOIGT** (1974)
(S-A 26) – O.C. XVII

85. **SI, SIGNORE** (1974)
(S-A 30) – O.C. XVIII

86. **MAMAN, LES PETITS BATEAUX** (1975)
(S-A 33) – O.C. XVIII

87. **LA VIE PRIVÉE DE WALTER KLOZETT** (1975)
(S-A 36) – O.C. XVIII

88. **DIS BONJOUR À LA DAME** (1975)
(S-A 42) – O.C. XVIII

89. **CERTAINES L'AIMENT CHAUVE** (1975)
(S-A 46) – O.C. XIX

90. **CONCERTO POUR PORTE-JARRETELLES** (1976)
(S-A 52) – O.C. XIX

91. **SUCETTE BOULEVARD** (1976)
(S-A 60) – O.C. XIX

92. **REMETS TON SLIP, GONDOLIER** (1977)
(S-A 64) – O.C. XIX

93. **CHÉRIE, PASSE-MOI TES MICROBES !** (1977)
(S-A 69) – O.C. XX

94. **UNE BANANE DANS L'OREILLE** (1977)
(S-A 75) – O.C. XX

95. **HUE, DADA !** (1977)
(S-A 79) – O.C. XX

96. **VOL AU-DESSUS D'UN LIT DE COCU** (1978)
(S-A 82) – O.C. XX

97. **SI MA TANTE EN AVAIT** (1978)
(S-A 85) – O.C. XXI

98. **FAIS-MOI DES CHOSES** (1978)
(S-A 91) – O.C. XXI

99. **VIENS AVEC TON CIERGE** (1978)
(S-A 95) – O.C. XXI

100. **MON CULTE SUR LA COMMODE** (1979)
(S-A 98) – O.C. XXI

101. **TIRE-M'EN DEUX, C'EST POUR OFFRIR** (1979)
(S-A 100) – O.C. XXII

102. **À PRENDRE OU À LÉCHER** (1980)
(S-A 101) – O.C. XXII

103. **BAISE-BALL À LA BAULE** (1980)
(S-A 102) – O.C. XXII

104. **MEURS PAS, ON A DU MONDE** (1980)
(S-A 103) – O.C. XXII

105. **TARTE À LA CRÈME STORY** (1980)
(S-A 104) – O.C. XXIII

106. **ON LIQUIDE ET ON S'EN VA** (1981)
(S-A 105) – O.C. XXIII

107. **CHAMPAGNE POUR TOUT LE MONDE !** (1981)
(S-A 106) – O.C. XXIII

À partir du 108e roman ci-dessous, la numérotation affichée auparavant sur les ouvrages de la collection *« San-Antonio »* correspond à l'ordre chronologique. Le numéro actuel et le précédent sont donc identiques. Mais, pour éviter toute équivoque, nous continuons tout de même à les mentionner l'un et l'autre jusqu'au bout.

108. **LA PUTE ENCHANTÉE** (1982)
(S-A 108) – O.C. XXIII

109. **BOUGE TON PIED QUE JE VOIE LA MER** (1982)
(S-A 109) – O.C. XXIV

110. **L'ANNÉE DE LA MOULE** (1982)
(S-A 110) – O.C. XXIV

111. **DU BOIS DONT ON FAIT LES PIPES** (1982)
(S-A 111) – O.C. XXIV

112. **VA DONC M'ATTENDRE CHEZ PLUMEAU** (1983)
(S-A 112) – O.C. XXV

113. **MORPION CIRCUS** (1983)
(S-A 113) – O.C. XXV

114. **REMOUILLE-MOI LA COMPRESSE** (1983)
(S-A 114) – O.C. XXV

115. **SI MAMAN ME VOYAIT !** (1983)
(S-A 115) – O.C. XXV

116. **DES GONZESSES COMME S'IL EN PLEUVAIT** (1984)
(S-A 116) – O.C. XXVI

117. **LES DEUX OREILLES ET LA QUEUE** (1984)
(S-A 117) – O.C. XXVI

118. **PLEINS FEUX SUR LE TUTU** (1984)
(S-A 118) – O.C. XXVI

119. **LAISSEZ POUSSER LES ASPERGES** (1984)
(S-A 119) – O.C. XXVI

120. **POISON D'AVRIL ou la vie sexuelle de Lili Pute** (1985)
(S-A 120) – O.C. XXVII

121. **BACCHANALE CHEZ LA MÈRE TATZI** (1985)
(S-A 121) – O.C. XXVII

122. **DÉGUSTEZ, GOURMANDES !** (1985)
(S-A 122) – O.C. XXVII

123. **PLEIN LES MOUSTACHES** (1985)
(S-A 123) – O.C. XXVII

124. **APRÈS VOUS S'IL EN RESTE, MONSIEUR LE PRÉSIDENT** (1986)
(S-A 124) – O.C. XXVIII

125. **CHAUDS, LES LAPINS !** (1986)
(S-A 125) – O.C. XXVIII

126. **ALICE AU PAYS DES MERGUEZ** (1986)
(S-A 126) – O.C. XXVIII

127. **FAIS PAS DANS LE PORNO...** (1986)
(S-A 127) – O.C. XXVIII

128. **LA FÊTE DES PAIRES** (1986)
(S-A 128) – O.C. XXIX

129. **LE CASSE DE L'ONCLE TOM** (1987)
(S-A 129) – O.C. XXIX

130. **BONS BAISERS OÙ TU SAIS** (1987)
(S-A 130) – O.C. XXIX

131. **LE TROUILLOMÈTRE À ZÉRO** (1987)
(S-A 131) – O.C. XXIX

132. **CIRCULEZ ! Y A RIEN À VOIR** (1987)
(S-A 132)

133. **GALANTINE DE VOLAILLE POUR DAMES FRIVOLES** (1987)
(S-A 133)

134. **LES MORUES SE DESSALENT** (1988)
(S-A 134)

135. **ÇA BAIGNE DANS LE BÉTON** (1988)
(S-A 135)

136. **BAISSE LA PRESSION, TU ME LES GONFLES !** (1988)
(S-A 136)

137. **RENIFLE, C'EST DE LA VRAIE** (1988)
(S-A 137)

138. **LE CRI DU MORPION** (1989)
(S-A 138)

139. **PAPA, ACHÈTE-MOI UNE PUTE** (1989)
(S-A 139)

140. **MA CAVALE AU CANADA** (1989)
(S-A 140)

141. **VALSEZ, POUFFIASSES** (1989)
(S-A 141)

142. **TARTE AUX POILS SUR COMMANDE** (1989)
(S-A 142)

143. **COCOTTES-MINUTE** (1990)
(S-A 143)

144. **PRINCESSE PATTE-EN-L'AIR** (1990)
(S-A 144)

145. **AU BAL DES ROMBIÈRES** (1990)
(S-A 145)

146. **BUFFALO BIDE** (1991)
(S-A 146)

147. **BOSPHORE ET FAIS RELUIRE** (1991)
(S-A 147)

148. **LES COCHONS SONT LÂCHÉS** (1991)
(S-A 148)

149. **LE HARENG PERD SES PLUMES** (1991)
(S-A 149)

150. **TÊTES ET SACS DE NŒUDS** (1991)
(S-A 150)

151. **LE SILENCE DES HOMARDS** (1992)
(S-A 151)

152. **Y EN AVAIT DANS LES PÂTES** (1992)
(S-A 152)

153. **AL CAPOTE** (1992)
(S-A 153)

154. **FAITES CHAUFFER LA COLLE** (1993)
(S-A 154)

155. **LA MATRONE DES SLEEPINGES** (1993)
(S-A 155)

156. **FOIRIDON À MORBAC CITY** (1993)
(S-A 156)

157. **ALLEZ DONC FAIRE ÇA PLUS LOIN** (1993)
(S-A 157)

158. **AUX FRAIS DE LA PRINCESSE** (1993)
(S-A 158)

159. **SAUCE TOMATE SUR CANAPÉ** (1994)
(S-A 159)

160. **MESDAMES VOUS AIMEZ « ÇA »** (1994)
(S-A 160)

161. **MAMAN, LA DAME FAIT RIEN QU'À ME FAIRE DES CHOSES** (1994)
(S-A 161)

162. **LES HUÎTRES ME FONT BÂILLER** (1995)
(S-A 162)

163. **TURLUTE GRATOS LES JOURS FÉRIÉS** (1995)
(S-A 163)

164. **LES EUNUQUES NE SONT JAMAIS CHAUVES** (1996)
(S-A 164)

165. **LE PÉTOMANE NE RÉPOND PLUS** (1995)
(S-A 165)

166. **T'ASSIEDS PAS SUR LE COMPTE-GOUTTES** (1996)
(S-A 166)

167. **DE L'ANTIGEL DANS LE CALBUTE** (1996)
(S-A 167)

168. **LA QUEUE EN TROMPETTE** (1997)
(S-A 168)

169. **GRIMPE-LA EN DANSEUSE** (1997)
(S-A 169)

170. **NE SOLDEZ PAS GRAND-MÈRE, ELLE BROSSE ENCORE** (1997)
(S-A 170)

171. **DU SABLE DANS LA VASELINE** (1998)
(S-A 171)

172. **CECI EST BIEN UNE PIPE** (1999)
(S-A 172)

173. **TREMPE TON PAIN DANS LA SOUPE** (1999)
(S-A 173)

174. **LÂCHE-LE, IL TIENDRA TOUT SEUL** (1999)
(S-A 174)
(ces deux derniers romans sont à lire à la suite car ils constituent une seule histoire répartie en deux tomes)

175. **CÉRÉALES KILLER** (2001) – parution posthume
(original non numéroté : v. ci-dessous)

B) Les Hors-Collection

Neuf romans, de format plus imposant que ceux de la « série », sont parus depuis 1964. Tous les originaux aux éditions FLEUVE NOIR, forts volumes cartonnés jusqu'en 1971, puis brochés. Ces ouvrages sont de véritables feux d'artifice allumés par la verve de leur auteur. L'humour atteint souvent ici son paroxysme. Bérurier y tient une place « énorme », au point d'en être parfois la vedette !

Remarque importante : outre ces neuf volumes, de nombreux autres « Hors-Collection » – originaux ou rééditions de *Frédéric Dard* – signés **San-Antonio** ont été publiés depuis 1979. Ces livres remarquables, souvent bouleversants *(Faut-il tuer les petits garçons qui ont les mains sur les hanches ?, La vieille qui marchait dans la mer, Le dragon de Cracovie…)* ne concernent pas notre policier de choc et de charme. Sont mentionnés dans les « Hors-Collection » ci-dessous uniquement les romans dans lesquels figure le *Commissaire San-Antonio !*

- **L'HISTOIRE DE FRANCE VUE PAR SAN-ANTONIO**, 1964 – réédité en 1997 sous le titre **HISTOIRE DE FRANCE**
- **LE STANDINGE SELON BÉRURIER**, 1965 – réédité en 1999 sous le titre **LE STANDINGE**
- **BÉRU ET CES DAMES**, 1967 – réédité en 2000
- **LES VACANCES DE BÉRURIER**, 1969 – réédité en 2001
- **BÉRU-BÉRU**, 1970 – réédité en 2002
- **LA SEXUALITÉ**, 1971 – réédité en 2003
- **LES CON**, 1973 – réédité en 2004
- **SI QUEUE-D'ÂNE M'ÉTAIT CONTÉ**, 1976 (aventure entièrement vécue et racontée par Bérurier) – réédité en 1998 sous le titre *QUEUE D'ÂNE*
- **NAPOLÉON POMMIER**, 2000

→ Paru en 2001 dans un format « moyen » non numéroté, **CÉRÉALES KILLER** est bien le 175e roman de la série *San-Antonio.* Réédité en poche en 2003.

2. Guide thématique de la série « San-Antonio »

Les aventures de San-Antonio sont d'une telle richesse que toute tentative pour les classifier ne prêterait – au mieux – qu'à sourire si l'on devait s'en tenir là. Une mise en schéma d'une telle œuvre n'a d'intérêt que comme jalon, à dépasser d'urgence pour aller voir « sur place ». Comment rendre compte d'une explosion permanente ? Ce petit guide thématique n'est donc qu'une « approche », partielle, réductrice, observation d'une constellation par le tout petit bout de la lorgnette. San-Antonio, on ne peut le connaître qu'en le lisant, tout entier, en allant se regarder soi-même dans le miroir que nous tend cet auteur de génie, le cœur et les yeux grands ouverts.

Dans les 175 romans numérotés parus au Fleuve Noir, on peut dénombrer, en simplifiant à l'extrême, 10 types de récits différents. Bien entendu, les sujets annexes abondent ! C'est pourquoi seul a été relevé ce qu'on peut estimer comme le thème « principal » de chaque livre.

Le procédé vaut ce qu'il vaut, n'oublions pas que « simplifier c'est fausser ». Mais il permet – en gros, en très gros ! – de savoir de quoi parlent les *San-Antonio,* sur le plan « polar ». J'insiste : gardons à l'esprit que là n'est pas le plus important. *Le plus important, c'est ce qui se passe entre le lecteur et l'auteur, et qu'on ne pourra jamais classer dans telle ou telle catégorie.*

Avertissement

Comme il serait beaucoup trop long de reprendre tous les titres, seuls leurs *numéros* sont indiqués sous chaque rubrique. ATTENTION : ce sont les numéros de la collection *« San-Antonio »* référencée **S-A** dans la bibliographie ! En effet, les ouvrages de cette collection sont et seront encore disponibles pendant longtemps.

Néanmoins, ces numéros sont chaque fois rangés dans l'ordre chronologique des parutions, du plus ancien roman au plus récent.

A. Aventures de Guerre, ou faisant suite à la Guerre.

Pendant le conflit 39-45, San-Antonio est l'as des *Services Secrets.* Résistance, sabotages, chasse aux espions avec actions d'éclat. On plonge ici dans la « guerre secrète ».

→ S-A **107** (reprise du tout premier roman de 1949) • S-A **43** • S-A **44** • S-A **47**

Dans les années d'après-guerre, le commissaire poursuit un temps son activité au parfum de contre-espionnage (espions à identifier, anciens collabos, règlements de comptes, criminels de guerre, trésors de guerre). Ce thème connaît certains prolongements, bien des années plus tard.

→ S-A **45** • S-A **50** • S-A **63** • S-A **68** • S-A **78**

B. Lutte acharnée contre anciens (ou néo-)nazis

La Guerre n'est plus du tout le « motif » de ces aventures, même si l'enquête oppose en général San-

Antonio à d'anciens nazis, avec un fréquent *mystère à élucider.* C'est pourquoi il était plus clair d'ouvrir une nouvelle rubrique. Les ennemis ont changé d'identité et refont surface, animés de noires intentions ; à moins qu'il s'agisse de néo-nazis, tout aussi malfaisants.

→ S-A **54** • S-A **58** • S-A **59** • S-A **38** • S-A **92** • S-A **93** • S-A **42** • S-A **123** • S-A **151**

C. San-Antonio opposé à de dangereux trafiquants

Le plus souvent en mission à l'étranger, San-Antonio risque sa vie pour venir à bout d'individus ou réseaux qui s'enrichissent dans le trafic de la drogue, des armes, des diamants... Les aventures démarrent pour une autre raison puis le trafic est découvert et San-Antonio se lance dans la bagarre.

→ S-A **3** • S-A **65** • S-A **67** • S-A **18** • S-A **14** • S-A **110** • S-A **159**

D. San-Antonio contre Sociétés Secrètes : un homme traqué !

De puissantes organisations ne reculent devant rien pour conquérir pouvoir et richesse : *Mafia* (affrontée par ailleurs de manière « secondaire ») ou *sociétés secrètes* asiatiques. Elles feront de notre héros un homme traqué, seul contre tous. Il ne s'en sortira qu'en déployant des trésors d'ingéniosité et de courage.

→ S-A **51** • S-A **138** • S-A **144** • S-A **160** • S-A **170** • S-A **171** • S-A **172** • S-A **173**

Certains réseaux internationaux visent moins le profit que le chaos universel. San-Antonio doit alors défier lors d'aventures échevelées des groupes *terroristes* qui cherchent à dominer le monde. Frissons garantis !

→ S-A **34** • S-A **85** • S-A **103** • S-A **108**

E. Aventures *personnelles :* épreuves physiques et morales

Meurtri dans sa chair et ses sentiments, San-Antonio doit *s'arracher à des pièges mortels.* Sa « personne » – sa famille, ses amis – est ici directement visée par des individus pervers et obstinés. Jeté aux enfers, il remonte la pente et nous partageons ses tourments. C'est sans doute la raison pour laquelle plusieurs de ces romans prennent rang de *chefs-d'œuvre.* Bien souvent, le lecteur en sort laminé par les émotions éprouvées, ayant tout vécu de l'intérieur !

→ S-A **61** • S-A **70** • S-A **86** • S-A **27** • S-A **97** • S-A **36** • S-A **111** • S-A **122** • S-A **131** • S-A **132** • S-A **139** • S-A **140** • S-A **174** • **175**

F. À la poursuite de voleurs ou de meurtriers

Pour autant, on peut rarement parler de polars « classiques ». Ce sont clairement des *enquêtes,* mais à la manière (forte) de San-Antonio !

• Enquêtes « centrées » sur le vol ou l'escroquerie

Les meurtres n'y manquent pas, mais l'affaire tourne toujours autour d'un vol (parfois chantage, ou fausse monnaie…). Peu à peu, l'étau se resserre autour des malfaiteurs, que San-Antonio, aux méthodes « risquées », finit par ramener dans ses filets grâce à son cerveau, ses poings et ses adjoints.

→ S-A **2** • S-A **62** • S-A **73** • S-A **80** • S-A **10** • S-A **25** • S-A **90** • S-A **113** • S-A **149**

• Enquêtes « centrées » sur le meurtre

À l'inverse, ces aventures ont le meurtre pour fil conducteur. San-Antonio doit démêler l'écheveau et mettre la main sur le coupable, en échappant bien des fois à la mort. Vol et chantage sont encore d'actualité, mais au second plan.

→ S-A **55** • S-A **8** • S-A **76** • S-A **9** • S-A **5** • S-A **81** • S-A **83** • S-A **84** • S-A **41** • S-A **22** • S-A **23** • S-A **28** • S-A **35** • S-A **94** • S-A **17** • S-A **26** • S-A **60** • S-A **100** • S-A **116** • S-A **127** • S-A **128** • S-A **129** • S-A **133** • S-A **135** • S-A **137** • S-A **143** • S-A **145** • S-A **152** • S-A **161** • S-A **163**

• (Variante) **Vols ou meurtres *dans le cadre d'une même famille***

→ S-A **4** • S-A **7** • S-A **74** • S-A **46** • S-A **91** • S-A **114** • S-A **141** • S-A **148** • S-A **154** • S-A **165**

G. Affaires d'enlèvements

Double but à cette *poursuite impitoyable* : retrouver les ravisseurs et préserver les victimes !

• ***Incursions soudaines dans le fantastique***

Au cours de certaines affaires, on bascule tout à coup dans une ambiance mystérieuse, avec irruption du « fantastique ». San-Antonio se heurte à des faits *étranges :* sorcellerie, paranormal, envoûtement...

→ S-A **28** • S-A **20** • S-A **129** • S-A **135** • S-A **139** • S-A **140** • S-A **152** • S-A **172** • S-A **174**

• ***Inventions redoutables et matériaux extraordinaires***

Dans plusieurs romans, le recours à un attirail futuriste entraîne une irruption soudaine de la *science-fiction.* Il arrive même qu'il serve de motif au récit. Voici un échantillon de ces découvertes fabuleuses pour lesquelles on s'entretue :

Objectif fractal (un grain de beauté photographié par satellite !), réduction d'un homme à 25 cm, armée tenue en réserve par cryogénisation, échangeur de personnalité, modificateur de climats, neutraliseur de volonté, lunettes de télépathie, forteresse scientifique édifiée sous la Méditerranée, fragment d'une météorite transformant la matière en glace, appareil à ôter la mémoire, microprocesseur réactivant des cerveaux morts, et j'en passe... !

→ S-A **57** • S-A **12** • S-A **41** • S-A **23** • S-A **34** • S-A **35** • S-A **37** • S-A **89** • S-A **17** • S-A **20** • S-A **30** • S-A **64** • S-A **69** • S-A **75** • S-A **105** • S-A **123** • S-A **129** • S-A **146**

• ***Savants fous et terrifiantes expériences humaines***

→ S-A **30** • S-A **52** • S-A **116** • S-A **127** • S-A **163**

- ***Romans « charnière »***

Sont ainsi désignés les romans où apparaît pour la première fois un nouveau personnage, qui prend définitivement place aux côtés de San-Antonio.

S-A **43** : Félicie (sa mère), *en 1950.*
S-A **45** : Le Vieux (Achille), *en 1952.*
S-A **49** : Bérurier, *en 1953.*
S-A **53** : Pinaud, *en 1954.*
S-A **66** : Berthe (première apparition physique), *en 1957.*
S-A **37** : Marie-Marie, *en 1968.*
S-A **94** : Toinet (ou Antoine, le fils adoptif de San-Antonio), *en 1971.*
S-A **128** : Jérémie Blanc, *en 1986.*
S-A **168** : Salami, en *1997.*
S-A **173** : Antoinette (fille de San-Antonio et Marie-Marie), en *1999.*

Mathias, le technicien rouquin, est apparu peu à peu, sous d'autres noms.

- ***Bérurier et Pinaud superstars !***

Le Gros, l'Inénarrable, Béru ! est sans conteste le plus brillant « second » du commissaire San-Antonio. Présent dans la majorité des romans, il y déploie souvent une activité débordante. Sans se hisser au même niveau, le doux et subtil Pinaud tient aussi une place de choix…

· *participation* importante *de Bérurier*
→ S-A **18** • S-A **10** • S-A **11** • S-A **14** • S-A **22** • S-A **88** • S-A **23** • S-A **24** • S-A **27** • S-A **28** • S-A **32** • S-A **34** • S-A **37** • S-A **89** • S-A **90** • S-A **93** • S-A **97** •

S-A **1** • S-A **20** • S-A **30** • S-A **33** • S-A **46** • S-A **52** • S-A **75** • S-A **101** • S-A **104** • S-A **109** • S-A **116** • S-A **126** • S-A **145** • S-A **163** • S-A **166**

N'oublions pas les « Hors-Collection », avec notamment *Queue d'âne* où Bérurier est seul présent de bout en bout !

• *participation* importante *de Bérurier* et *Pinaud*
→ S-A **12** • S-A **87** • S-A **25** • S-A **35** • S-A **96** • S-A **105** • S-A **111** • S-A **148** (fait exceptionnel : San-Antonio ne figure pas dans ce roman !) • S-A **156**

• ***Marie-Marie, de l'enfant espiègle à la femme mûre***

Dès son apparition, Marie-Marie a conquis les lecteurs. La fillette malicieuse, la « Musaraigne » éblouissante de *Viva Bertaga* qui devient femme au fil des romans est intervenue dans plusieurs aventures de San-Antonio.

• *Fillette espiègle et débrouillarde :*
→ S-A **37** • S-A **38** • S-A **39** • S-A **92** • S-A **99**

• *Adolescente indépendante et pleine de charme :*
→ S-A **60** • S-A **69** • S-A **85**

• *Belle jeune femme, intelligente et profonde :*
Il ne s'agit parfois que d'apparitions intermittentes.
→ S-A **103** • S-A **111** • S-A **119** • S-A **120** • S-A **131** (où Marie-Marie devient veuve !) • S-A **139** • S-A **140** • S-A **152**

• *Femme mûre, mère d'Antoinette (fille de San-Antonio) :*
→ S-A **173** • S-A **174** • **175**

Correspondance entre l'ancienne numérotation de la collection « San-Antonio » et la nouvelle numérotation chronologique *portée sur chaque roman réimprimé à partir de 2003.*

S-A → *chrono*

S-A 1 → *80*
S-A 2 → *9*
S-A 3 → *10*
S-A 4 → *11*
S-A 5 → *38*
S-A 6 → *81*
S-A 7 → *31*
S-A 8 → *32*
S-A 9 → *37*
S-A 10 → *48*
S-A 11 → *49*
S-A 12 → *50*
S-A 13 → *51*
S-A 14 → *53*
S-A 15 → *39*
S-A 16 → *40*
S-A 17 → *82*
S-A 18 → *47*
S-A 19 → *52*
S-A 20 → *83*
S-A 21 → *54*
S-A 22 → *56*
S-A 23 → *59*
S-A 24 → *60*
S-A 25 → *61*
S-A 26 → *84*
S-A 27 → *62*
S-A 28 → *63*
S-A 29 → *64*
S-A 30 → *85*
S-A 31 → *65*
S-A 32 → *66*
S-A 33 → *86*
S-A 34 → *67*
S-A 35 → *68*
S-A 36 → *87*
S-A 37 → *69*
S-A 38 → *70*
S-A 39 → *71*
S-A 40 → *30*
S-A 41 → *55*
S-A 42 → *88*
S-A 43 → *2*
S-A 44 → *3*
S-A 45 → *4*
S-A 46 → *89*
S-A 47 → *5*
S-A 48 → *6*
S-A 49 → *7*
S-A 50 → *8*
S-A 51 → *12*
S-A 52 → *90*
S-A 53 → *13*
S-A 54 → *14*
S-A 55 → *15*
S-A 56 → *16*

S-A 57 → *17*
S-A 58 → *18*
S-A 59 → *19*
S-A 60 → *91*
S-A 61 → *20*
S-A 62 → *21*
S-A 63 → *22*
S-A 64 → *92*
S-A 65 → *23*
S-A 66 → *24*
S-A 67 → *25*
S-A 68 → *26*
S-A 69 → *93*
S-A 70 → *27*
S-A 71 → *28*
S-A 72 → *29*
S-A 73 → *33*
S-A 74 → *34*
S-A 75 → *94*
S-A 76 → *35*
S-A 77 → *36*
S-A 78 → *41*
S-A 79 → *95*
S-A 80 → *42*
S-A 81 → *43*
S-A 82 → *96*
S-A 83 → *44*
S-A 84 → *45*
S-A 85 → *97*
S-A 86 → *46*
S-A 87 → *57*
S-A 88 → *58*
S-A 89 → *72*
S-A 90 → *73*
S-A 91 → *98*
S-A 92 → *74*
S-A 93 → *75*
S-A 94 → *76*
S-A 95 → *99*
S-A 96 → *77*
S-A 97 → *78*
S-A 98 → *100*
S-A 99 → *79*
S-A 100 → *101*
S-A 101 → *102*
S-A 102 → *103*
S-A 103 → *104*
S-A 104 → *105*
S-A 105 → *106*
S-A 106 → *107*
S-A 107 → *1*

À partir du n° **108**, les numéros de la collection « **S-A** » coïncident exactement avec les numéros ***chronologiques***.

R. Milési

Achevé d'imprimer sur les presses de

BUSSIÈRE

GROUPE CPI

à Saint-Amand-Montrond (Cher)
en mars 2006

FLEUVE NOIR
12, avenue d'Italie
75627 Paris Cedex 13

— N° d'imp. : 60666. —
Dépôt légal : avril 2006.

Imprimé en France